国際取引法

理論と実務の架け橋

阿部道明

九州大学出版会

はしがき

　国際取引または国際取引法について記した教科書または概説書は数多く出版されているが，その構成はさまざまである。一般的にいえば，国際取引の中心となる国際売買と国際投資およびライセンス取引をめぐる知的財産権，それをとりまくテーマとしての，国際貿易と通商法（WTO），国際運送と代金決済，独占禁止法，製造物責任法，国際金融，さらに，国際私法，国際民事訴訟，国際仲裁といった手続法の部分，これに加えて実務の観点からの国際契約の解説などのうちから筆者の立場や考え方から見て必要な部分をとりあげて記載することとなる。
　本書は，こういった数多いテーマを網羅することを避けて，いくつかのテーマに絞ることとした。まず国際企業法務実務の立場から国際契約をとりあげ，それに続いて，国際取引自体の主軸である国際売買と国際投資をテーマとして，主に実務の立場から構成を組み立てながらも，これに理論的な考察も加えながら解説を進めている。第 1 章の国際契約に関しては，契約の一般条項と代表的な契約類型について，その作成の考え方と例文を数多く掲載して実務の参考となるよう配慮した。第 2 章の国際売買に関しては，国際売買契約に関する多くの論点に対して，民法や債権法改正案と米国 UCC およびいくつかの国際契約原則の立場の比較検討を中心に据えており，比較法的研究の一助になれば幸いである。さらに，これに加えて国際運送や決済，特別の売買契約類型にも言及した。また，第 3 章の国際投資に関しては，実務における重要な投資関連事象である国際合弁と企業買収を中心とした考察を行った。
　本書は，国際企業法務を担当する実務家の役に立つことを基本とするが，それと同時に，法科大学院および法学部の国際取引法や国際契約実務といっ

た授業のテキストとしても十分に貢献できるものと考えている。

　最後に，本書の出版にあたっては，九州大学出版会の古澤言太氏に格別のご協力をいただいたので，ここに感謝の意を表したい。

平成 24 年 2 月 1 日
阿部道明

目　次

はしがき …………………………………………………………………… i

第1章　国際契約 ………………………………………………………… 1

第1節　国際契約の仕組み　1
1. 国際契約の特徴
2. 国際契約のドラフティングと契約交渉

第2節　国際契約の書式　6
1. 国際契約の書式例
2. 国際契約の書式の解説
3. 国際契約によく使われる用語

第3節　国際契約の一般条項　10
1. 定義条項
2. 契約期間と解除
3. 秘密保持
4. 不可抗力
5. 契約譲渡
6. 通　知
7. 当事者の契約関係
8. 完全合意
9. 権利不放棄
10. 分離条項
11. 章のタイトル
12. 言語と正本
13. 存続条項
14. 準拠法
15. 紛争解決条項

第4節　売買契約　22
  1．売買契約一般
  2．販売店契約（ディストリビューター契約）

第5節　特許・技術ライセンス契約　32
  1．ライセンスの許諾
  2．情報の開示と技術指導
  3．対価（ロイヤルティー）
  4．改良技術とグラントバック
  5．特許保証

第6節　商標ライセンス契約　39
  1．ライセンスの許諾と使用形態
  2．製品の品質管理
  3．ライセンシーの義務
  4．契約終了後の措置

第7節　共同研究開発契約　45
  1．研究開発作業の運営管理
  2．研究開発業務と費用分担の方法
  3．共同研究開発成果の帰属
  4．共同研究開発成果の利用

第8節　合弁契約（株主間契約）　49
  1．合弁会社の設立と出資比率
  2．経営と取締役会
  3．決議と少数株主保護
  4．社長の指名と部門責任者の割り振り
  5．資金調達
  6．株式譲渡制限
  7．競業避止義務
  8．デッドロック（deadlock）
  9．合弁の解消と契約の終了

第9節　企業買収契約　58
  1．売買の約定と売買価格

2．表明と保証
　　3．表明と保証（デュー・デリジェンスとの関係，保証期間）
　　4．クロージングまでになすべきこと
　　5．クロージングの条件
　　6．クロージング
　　7．約定（クロージング後の当事者の義務）
　　8．責任（補償）

　第10節　その他の契約　68
　　1．覚書・意向書・統括契約（MOU，LOI 等）
　　2．秘密保持契約
　　3．業務委託契約（サービス契約）

第2章　国際売買 ……………………………………………… 79

　第1節　国際売買と法の統一　79
　　1．ハーグ統一売買法条約
　　2．ウィーン売買条約（CISG）
　　3．ユニドロワ原則
　　4．ヨーロッパ契約法原則（PECL）
　　5．各契約原則の条文項目の比較

　第2節　国際売買の類型　87

　第3節　契約の成立　88
　　1．申込と承諾を取り巻く理論と実務
　　2．契約の成立
　　3．書式の戦い
　　4．契約締結上の過失
　　5．契約の主要条件

　第4節　各当事者の義務等　99
　　1．売主の義務と買主の救済一般
　　2．物品の契約適合性（保証義務）
　　3．買主の救済
　　4．買主による解除
　　5．買主の義務と売主の救済

         6．危険の移転

    第5節　両当事者の義務に共通の事項　　117
         1．損害賠償一般
         2．損害軽減義務
         3．履行期前の違反──不安の抗弁権──
         4．履行障害の免責──不可抗力──
         5．事情変更の原則とハードシップ

    第6節　貿 易 条 件　　138

    第7節　貨物の運送　　142
         1．国際海上物品運送の種類と国際ルール
         2．船 荷 証 券
         3．国際航空物品運送
         4．国際複合運送

    第8節　国際的代金決済　　151
         1．貿易代金の決済の仕組み
         2．荷為替手形
         3．信 用 状

    第9節　代理店・販売店との取引　　157
         1．代理店・販売店取引の意味合いと形態
         2．代理店・販売店の保護法制

    第10節　プラント輸出　　160
         1．プラント輸出の意義と契約の成立
         2．法的関係と契約の類型
         3．対価の定め

第3章　国 際 投 資 ……………………………………165

    第1節　国際投資の諸論点　　165
         1．国際投資とその規制
         2．国際的な投資協定

第 2 節　企業の海外進出の形態　170
　　1．駐在員事務所
　　2．支　社　店
　　3．子　会　社

第 3 節　企　業　合　弁　174
　　1．合弁の意義
　　2．合弁のメリットとデメリット
　　3．合弁の受け皿（団体組織）
　　4．合弁契約の意義と定款
　　5．合弁の設立・運営と合弁契約
　　6．合弁の終了・解消（Exit）
　　7．合弁と独占禁止法

第 4 節　企　業　買　収　204
　　1．総　　論
　　2．企業買収のプロセスと交渉の開始
　　3．レター・オブ・インテント
　　4．デュー・デリジェンス
　　5．売買契約とクロージング

索　　引　221

第1章
国際契約

第1節　国際契約の仕組み

1．国際契約の特徴

　企業取引は国際取引か国内取引かを問わず，原則として契約をベースに行われる。しかし，契約に対する考え方は国によって大きな違いが見られる。この点に関する欧米人，特にアメリカ人と日本人の違いは顕著である。国内取引に慣れていた者が国際取引に携わりアメリカの会社との契約を扱うと，その契約の多さおよびその中身の分量の膨大さに驚くことになる。一般に，アメリカ人は日本人に比較して法意識・権利意識が高く，ビジネスに限らず日常のトラブルも含めて解決を訴訟にゆだねることへの抵抗感はない。また，弁護士の数が日本と比較にならないほど多く，陪審制や証拠の開示制度，集団訴訟などの仕組みが整備されており，賠償額も非常に高額となりがちである。さらに，アメリカ人は契約書においてあらゆるケースを想定してそれに対応できるよう細かいところまで定めておく傾向が強いため，契約書は非常に厚いものとなる[1]。この点に関する日米の違いの背景としては，日本人が

1）筆者が米国の大企業と合弁契約交渉を行ったときの話であるが，こちら側が通常の米国流で，合弁がうまくいかなかった場合の処理を事細かく書いたドラフトを提示したところ，相手方が「これから結婚しようとするときに離婚するときのことを書くのはおかしい」として，通常は日本の会社が米国の会社に主張するようなことを言ってきたことがあり，米国にも様々な会社があるものだと思ったことがある。

アメリカ人に比べて白黒をはっきりつけず曖昧さを許容する国民性を持つのに対して，アメリカ人はその民族的多様性からして，ものごとをはっきりさせる必要があること，また大陸法系では制定法が中心であるのに対して，英米法系では判例法が中心であるため考えられる様々な状況への解決法を契約で定めておく必要があることなどが言われている[2]。

　こういった契約に対する日米の考え方や慣行の違いを表す典型的な例がいわゆる誠実協議条項であり，これは，本契約に定めのない事項について，または本契約の解釈に疑義を生じた場合には，両当事者は誠実に協議して解決するものとするというものである。この条項は日本の契約では必ずと言っていいほど含まれているが，英米系を含めいわゆる国際契約ではほとんど見られないものである。日本人は契約上の疑義やトラブルは話し合いで解決できると考えており，その誠意を表すための条項ということができよう。しかし，トラブルを誠実に協議して解決するよう努めるのは当たり前のことであり，この条項が法律的，契約的になんらの意味も持たないことは明らかである。

　契約に対する考え方の日米の比較を述べてきたが，国際契約はすべて同一とも言えないところがある。英国を含む他の英米法系の国においては米国と似たようなところはあるが，それほど極端でないこともある。さらに大陸法系の国においては，アメリカ人の作成する契約の膨大さに辟易している点で日本人と少し似たメンタリティーを感じることもある。ただ，国際的に展開している大法律事務所は米国系と英国系が圧倒的に多いため，米国や英国以外の会社（特にアジア）を相手にする場合でも彼らが相手方を代理して契約のドラフティングをする場合には，英米流の契約交渉にならざるを得ないことが多いのである。

---

　[2] もっとも注1) の通り，状況は会社によってさまざまであるうえに，法律家でない一般の国民は法律事項や契約に疎いケースが少なくないことも頭に入れておく必要はある。

2．国際契約のドラフティングと契約交渉

(1) ドラフトの提示

　国際契約交渉においては，まずドラフトをどちらが提示するかの問題がある。ドラフトは当然ながらそれを提示する側に都合のよい内容となっているわけであるためこちら側から提示するのが好ましい。実際の契約交渉では，どちらの提示したドラフトであれ，重要な契約条件については双方がしっかりと吟味して交渉のメインの話題とするであろうが，細かい部分やテクニカルな部分は見過ごされたり，見過ごさないまでもいちいちコメントすることが憚られたりしてドラフトのままとなることが多い。これらが後で重要な意味を持ってくる可能性も十分にあるので，やはりドラフトを提示することは契約交渉を有利に導くこととなる。しかし，欧米の大企業が相手の場合には相手方からドラフトが提示されることが多く，こちら側からの提示にこだわるとうまくいかないこともあるので，その場合には，相手方のドラフトの全文を一字一句しっかりと読み込んで交渉に臨む必要があり，また，必要に応じて一般条項などの細かい点にも意見を述べるべきである。ただ，内容的に違いがない点に関して拘泥するのは良い交渉とは言えず，実質上のリスクがないと判断すれば，相手のメンツを立てることも必要である。

(2) 契約交渉

　契約交渉に際してしっかりと念頭においておくべきことは二つある。一つはビジネスの内容をしっかりと把握しておく必要があることである。クライアントの（企業法務担当および企業内弁護士の場合には自社の），ビジネスのスキームはどうなっているのか，クライアントがこの取引で何を狙っているのかの理解なくしては契約交渉は成り立たない。最低限の経理・財務知識も是非欲しいところである。次に必要なのは，考えられているビジネススキームおよび取引や契約の形態から考えられる法的リスクの把握であり，まさにここに法律家としての大きな存在意義があると言えよう。考えられる法的リスクを把握・分析して，たとえ煙たがられることがあってもクライアントのビジネス部門・経営部門さらには企業のトップにしっかりと指摘するこ

とが法律家の使命であるし，これらの人達から信頼されることが法律家にとっての生命線となる。もっとも，ビジネス部門・経営部門・企業のトップとのコミュニケーションの責務を負うのは外部弁護士よりも主に企業法務担当および企業内弁護士となろう。このようなビジネスと契約との関わりやリスクの判断のためには，必要に応じて対象国の民商法，契約法，会社法，独占禁止法，投資法，税法，消費者法，労働法などを綿密に調査しなければならない[3]。

　契約交渉で内容に合意するときはこちら側に最大限に有利に持ち込むべく努力するのは当然であるが，その他に考えておくことがいくつかある。一つは，曖昧さを避け内容を明確にして必要なことはできるだけ網羅しておくことである。国内契約では曖昧さも一つの手法になることもあるが，国際契約では相手会社，相手国の状況が十分わからないことも多く，紛争になった場合の解決も負担が大きいので，曖昧さは避けた方がよい。ただ，国際契約においても，reasonable とか material といった曖昧な用語を意図的に使うことも少なくない。次に，こちら側にとって物理的，経済的にできることとできないことを明確にして，できないことは絶対に契約に書かないことである。このためにもビジネス部門との密接な連携が不可欠である。さらに，契約交渉では，こちら側の主張をするときにその主張の合理的な理由を準備しておく方が相手方を説得しやすいということを念頭に置いておく必要がある。交渉事であるので最後には何らかの妥協が図られることも多いが，最初からやみくもに無意味な数字や過大な数字を並べるのではなく，きちんとした根拠を示しておけば相手方も社内で理解を得やすいし，また最終的な妥協への流れを作りやすくなってくる。これに加えて，契約書の中に独占禁止法，税法，輸出管理法などの法規への違法な条項がないかどうかのチェックも重要となる。基本的には違法な条項に関しては両当事者が責任を持つことになるが，国際契約では一方の国にのみ違法性が発生する場合も珍しくないため自国法に照らしたチェックが必要である。また，契約締結後の注意点ではあるが，契約書のフォローとアフターケアも大切である。ビジネス部門は，契約交渉

　3）現地の弁護士の助力が必要になるケースが多いであろう。

は一生懸命やっても一たび契約を締結して履行の段階に入ると契約書の存在を忘れてしまうことが多い。たとえば，契約上の各種の通知義務とか書類の作成・保存義務などもこれに含まれる。特に，契約終了や不更新に際して契約中に自動更新条項があるときなどは，法律家（これは，もっぱら企業法務担当および企業内弁護士の責務であるが）が契約管理をきちんと行ってビジネス部門に対してアラームを出したりするなどのケアが大切となってくる。

なお，国によって日本のように印紙税のある国と，米国のようにない国がある。日米の当事者が契約を締結するときには，日本法で印紙の貼付義務のある契約については，どちらで契約が締結されたかによって印紙の貼付の要否が判断されることとなる。契約書の冒頭か最後で契約締結地を記載することもあるが，締結地は実際には署名がどこでなされたか（両者の署名の日が異なる場合にはあとの署名がなされた場所）によって判断される。

(3) 契約の言語

国際契約交渉は，英語圏の国が相手でない場合も含めて共通言語としての英語を使って行われ契約書も英文で作成されることが圧倒的に多い。従って，英文の読解・作成・ヒアリング，会話のすべてにおいて英語が使えるようになる必要があるが，これはある程度は慣れの要素があるため経験をつむことによって上達するしかあるまい。ただ，英文契約書はフォームも用語も定型化しているため，こつを覚えてくればむしろ一般英語よりもはるかに扱い易いものと感じてくるであろう。英文契約交渉を任されている場合には，交渉の内容を確実に理解し確認しながら進めていく必要がある。聞き取れなかった部分がある場合には，わかったふりをしないで遠慮なく聞き返さなければならないし，聞き取れていてもその単語や用語がどういう意味で使われたのかが曖昧なときにはそれを確認しておく。複雑で高度な契約交渉は渉外弁護士が行うことが多くなるが，そのときでも企業法務担当および企業内弁護士としては外部弁護士との意思疎通を頻繁に図りながら契約交渉の内容をきちんとフォローしていくことが必要である。

契約書は英文の他に和文や他の言語で作成されることがあるが，その場合には英文版が正本であり，他の言語版は翻訳にすぎず，両者が矛盾する場合

には英文版が優先することを明記しておくのが普通である。なお，中国の企業との交渉においては，英語を使用せずに通訳を介して契約交渉を行うことが多い。この場合には，契約書も日中両文で同じ内容のものが作成されるが，両文版とも正本として優劣をつけないこともある。このやり方は契約書作成の原則には必ずしも合っておらず，実際に係争が発生して日中両文の意味が異なる場合には困ったことになるが，日中間ではこのような慣行が少なくないし，中文版を正文とされるよりはましと考えられる。

　なお，いわゆる交渉術については様々な専門書も出されており[4]ここでは省略するが，契約交渉という観点からすれば，上述したように自らの主張の論理性を確保することが相手方の説得につながるという要素が一般のビジネス交渉よりも強いと言えよう。

第2節　国際契約の書式

1．国際契約の書式例

国際契約（英文契約）の基本的な形式は次の通りである。

DISTRIBUTION AGREEMENT[①]

　This Agreement[②] made and entered into as of July 1, 2011 by and between AAA Corporation, incorporated and existing under the laws of California, having its principal office in ＿＿＿＿＿＿＿＿, California, U.S.A. (hereinafter referred to as "Seller") and BBB Corporation incorporated and existing under the laws of Japan, having its principal office in ＿＿＿＿＿＿＿＿, Tokyo, Japan (hereinafter referred to as "Buyer")

　4）太田勝造・野村美明編『交渉ケースブック』（商事法務，2006年），太田勝造・草野芳郎編『ロースクール交渉術』（白桃書房，2006年）。

WITNESSETH(3)

WHEREAS(4), the Seller is engaged in manufacture and sale of electric and electronics equipment,
WHEREAS, the Buyer is engaged in marketing and distribution of electric and electronics equipment in Japan,
WHEREAS, the Seller wishes the Buyer to market and distribute its products in Japan and Buyer accepts such proposal,

NOW, THEREFORE(5), in consideration of mutual covenants and premises herein contained, the parties hereto agree as follows;
（この間に契約の本文が入る）

IN WITNESS WHEREOF(6), the parties hereto have caused this Agreement to be executed in duplicate by their respective duly authorized representatives as of the date first written above.

　　　　　　　　　　　　　　　　　AAA Corporation
　　　　　　　　　　　　　　　　　By:（Signature）
　　　　　　　　　　　　　　　　　　　Print the Name
　　　　　　　　　　　　　　　　　Title

　　　　　　　　　　　　　　　　　BBB Corporation
　　　　　　　　　　　　　　　　　By:（Signature）
　　　　　　　　　　　　　　　　　　　Print the Name
　　　　　　　　　　　　　　　　　Title

2．国際契約の書式の解説

契約の表題（タイトル）(1)は契約の内容に合わせて＿＿AGREEMENTとすべきであるが、いくつかの内容を含んでタイトルのつけにくい契約や簡単な契約については単にAGREEMENTとすることもあるし、CONTRACTという用語が使われることもある。また、比較的簡単な取り決めにはMEMORANDUM、一連の包括的合意の第一歩としてはMEMORANDUM OF

UNDERSTANDING（MOU）という表題もよく使われ,「覚書」と訳されることが多いようであるが，たとえ覚書であっても拘束力に変わりはないことに注意すべきである。この他に，一方当事者が相手方当事者に対して合意内容をレター形式で送付し，受け取った側の当事者がカウンターサインをして返す方式もあり，このときには表題として LETTER AGREEMENT と表示されていることもあるが，表示されていなくても効力は同じである。

　This Agreement②以降の流れは，英文契約の形式として慣行となっているものであるが，全体として「AAA 株式会社と BBB 株式会社の間で締結された本契約は，WHEREAS（前文）の内容を証する（witnesseth）③」という意味を持っている。ここでの設立準拠法は通常はその国の法律であるが，米国の場合は州法を記載する。

　当事者の定義には，日本の契約では当事者の名称や実態を表さない「甲」「乙」「丙」を使うことが多いが，英文契約では，正式社名の短縮形（IBMとか Microsoft とか）または契約上の立場を表すもの（この例で言えば，Seller＝売主，Buyer＝買主）を使う[5]。

　WHEREAS④以下は WHEREAS clause と呼ばれる前文とも言うべき部分であり，契約書の本体ではないが，契約締結に至った経緯，状況，背景，当事者の意図などを記すものである。直接の拘束力はないが，契約解釈にあたって参考にされることはある。RECITALS の用語を使うこともある。

　NOW, THEREFORE⑤は前文の締めにあたる部分であり，「両当事者は，互いの約束を約因として，下記の通り合意した」となる。約因（consideration）というのは英米法特有の概念であって，対価と訳されることもあり契約の成立要件とされている。ただ，ここで使用される consideration は実際には深い意味を持つわけでなく契約のひとつのパターンとして使われている。英米法系以外の国との契約にもそのまま雛形として入っていることもあるし，その逆に英米法系の国との契約でもこの用語を使用しない場合もある。

　IN WITNESS WHEREOF⑥は契約本文が終わった後に来るいわば後文とも

5）英文契約を和訳するときに，甲，乙，丙の代わりに AAA, BBB, CCC のような表現を使うことがあるが，これはあくまで和訳のためであって，実際の英文契約でこのような定義を使用することはほとんどない。

いうべき部分であり,「この契約の成立を証して,両当事者の権限ある代表者が,上記の日付に本契約書2通に署名した」ということになる。

3．国際契約によく使われる用語

　国際契約の用語例はあげるときりがないので,気がついたものだけ指摘する。まず,「部」「章」「節」にあたるものとしては,Chapter, Article, Section などが考えられるが,「章」に対応する Article が最も使用頻度が高いようである。義務を表す場合は,shall が使われるが,同じ意味で agrees to が使われることもある。will は一般的に shall よりは強制力はやや弱めと考えられてはいるが,かといって義務がないとは言えないので気をつける必要がある。権利には may や be entitled to や have the right to を使う。また,英文契約特有の表現として,「本契約」を「here」で受けて,「herein = in this Agreement」「hereof = of this Agreement」「hereunder = under this Agreement」のように使用される。同じような使い方として,「あの契約」またはその他の既出の事項を受けて,thereof, thereto, thereunder のように使われる。なお,term という用語は使われる頻度が高くいくつかの意味を持つ。最もよく使われるのは「期間」であり,term and termination（契約の期間および終了）のように使われる。「用語」の意味になる場合は,契約の最初の部分で文中の用語の定義をする形でよく使われる。さらに,terms と複数形で「条件」を意味して,terms and conditions のように使われることもある。

　相手方にその件に関して何も請求しないだけでなく,第三者との関係においても相手方に一切迷惑をかけないようにし,その件によって相手方に損害が発生した場合には全て補填するという意味の文言として indemnify, defend and hold _____ harmless という条項が使われる。たとえば,メーカーと販売業者との売買契約で製造物責任に関してメーカーが全ての責任を負って販売業者を indemnify し hold harmless するというようなケースである。日本語にぴったり符合する概念がないので訳すのが難しいが,免責条項や補償条項と訳されている。ただ,相手の責任を免除するという意味での「免責」とは異なるので混同しないようにする必要がある。その他の英文契約特有の表現を

いくつかあげると以下の通りである。
- 限定列挙ではなくて例示であることを示す場合は，including but not limited または including without limitation.
- 「権利を損なうことなしに」つまり，これによって法律上当然に認められていたりその他元々有していた他の権利を放棄するわけではないことを示す場合は，without prejudice to (other remedies _____).
- 条件を示すのは，subject to であり，subject to Article 5（第5条に従って）とか subject to board approval（取締役会の承認を得ることを条件に）のように使われる。
- 契約が効力を失ってもある条項が効力を持ち続けることを示すのは survive であり，This Article shall survive any expiration or termination of this Agreement のように使われる。survive する典型的な条項としては保証債務，秘密保持義務，契約の満了や解除後の取り扱いなどがあげられる。
- 但書きの書き出しには，provided, however, that が使われる。

第3節　国際契約の一般条項

　契約の条項の中には，実際の合意の内容を記した実質条項（当然ながら契約の種類によって異なる）と全ての契約に共通に見られる一般条項がある。実質条項はあとで契約ごとに検討するとして，ここでは一般条項について触れてみたい。

1．定義条項

　これはむしろ実質条項に分類するべきものかもしれないが，用語の内容と範囲を明確にするためにきわめて重要である。英語には日本語と違って大文字小文字の区別があるので定義が行いやすい。和文契約の定義では「製品」「領域」などと括弧書きしなければならないものが英文では Products, Territory（または，PRODUCTS, TERRITORY）のようにわかりやすく定義

することができる。定義を行う場合に通常「用語」の意味で "term" という言葉を使うが，"term" には他の意味もあることは上述した通りである。なお，当事者の定義に関しては上述の通りである。

> **ARTICLE ＊ DEFINITIONS**
> For the purpose of this Agreement:
> 1. The term "Products" means electric or electronic products for consumer use, the specifications of which are set forth in EXHIBIT A, attached hereto and made an integral part hereof.
> 2. The term "Territory" means Singapore.

2．契約期間と解除

　これも契約の内容を含むので実質条項の一部とも考えられる。契約の発効の条件を定めた場合には（政府許認可の取得，取締役会の承認など）その条件が成就したときにのみ契約は発効して期間がスタートする。期間を定めないでいつでも解約できるようにするものもあるが，代理店契約などはその通りに解約することが難しい場合もあるので期間は定めるべきであろう。期間満了の一定期間前までに（例えば，6ヶ月前までに）どちらの当事者も契約を更新しない意思を相手方に通知しない場合には契約が自動的に更新されるといういわゆる自動更新条項を入れることも多いが，この場合には契約満了ごとに更新するかどうかをきちんとチェックすることが極めて重要となる。
　解除条項は，一方当事者の契約違反，破産・支払不能等の財務状態の悪化，所有関係（株主・親会社）の変更などの場合に相手方当事者に解除権を与えるものが多い。

> **ARTICLE ＊ TERM OF AGREEMENT**
> This Agreement shall become effective on the date first above written and unless sooner terminated pursuant to the provisions of Article ＿＿＿ hereof or by operation of law or otherwise, shall continue to be effective for two（2）years thereafter and will be automatically renewed for succeeding one（1）year periods unless either party gives the other party a written notice not to

renew this Agreement at least ninety (90) days prior to the end of the then current period of this Agreement.

［契約発効条件のある場合］
Subject to approvals of this Agreement by the governments of both Japan and Singapore, and by the Board of Directors of both parties, this Agreement shall be effective ....
（両国政府の認可，両者の取締役会の承認を条件として発効する）

ARTICLE * TERMINATION

1. If either party has defaulted in any provision of this Agreement and failed to remedy such default within thirty (30) days after receiving a written notice from the non-defaulting party, the non-defaulting party may terminate this Agreement without any further written notice. (契約違反)
2. If, there be (a) a petition of bankruptcy filed to or an insolvency of either party or (b) a substantial change in the control or management of either party which is unacceptable to the other party, the other party may terminate this Agreement forthwith upon written notice.
　　((a)は一方当事者の破産・債務超過などの場合，(b)は一方当事者の経営支配権が変わる場合である)
3. Notwithstanding the foregoing however, no termination of this Agreement under this Article shall prejudice any right and remedy available to terminating party under any other provision of this Agreement, law, or otherwise.
　　(本条項による救済手段の行使により他の契約条項または法律による救済が消滅するものではないとの確認であり，without prejudice to として，1項，2項の中に入ってくることもある)

3．秘　密　保　持

　この条項も一般条項というよりも実質条項とも考えられるものであって，特に技術関係の契約ではこの条項の重要性は格段に高い。また，秘密保持だけを約定した秘密保持契約も個別契約としては重要な契約類型の一つである。proprietary というのは，「財産的価値のある」という意味であるが，契約では confidential と同じような意味で使われることが多い。守秘すべき情

報は技術情報に限られず営業上または経営上の情報も含まれる。守秘義務の程度は取り決め次第ではあるが，自己の情報と同じレベルの注意義務とするのが普通であろう。口頭で開示された情報も含み得るが，その場合には後で書面で確認させるのが通常の扱いである。守秘義務の対象とならない例外のケースや情報が列挙されるが，これには，以前から知っていた情報，公知となった情報，第三者から受領した情報，自分で独自に開発した情報などが含まれる。守秘期間は契約期間中であるが，契約終了後も引き続き守秘義務を負わせることも少なくない。その場合は，秘密保持条項でそれを記載するやり方と，後述の存続条項 survival で（他の存続すべき条項と合わせて）記載するやり方とがある。

ARTICLE * CONFIDENTIAL INFORMATION
1. All technical, manufacturing, maintenance, installation, marketing, business or other information of either party which is marked confidential or proprietary and is disclosed to the other party pursuant to this Agreement shall be held in confidence by the other party and shall not be disclosed by it to third parties, or used by it, except to the extent expressly or impliedly authorized by this Agreement. If the information is provided orally or visually, the disclosing party shall clearly identify the disclosure as being confidential at the time of disclosure and, within two (2) weeks thereafter, reduce it to writing and provide it to the other party. Each party shall take the same action and utilize the same precautions in preventing unauthorized disclosure of the other party's proprietary or confidential information as it uses with regard to its own proprietary or confidential information.
2. Neither party shall have any obligation to the other party under 1 above with respect to any information of the other party which
   (a) was known to the receiving party prior to its first receipt from the other party;
   (b) at any time becomes a matter of public knowledge or literature without any fault of the receiving party;
   (c) is at any time lawfully received by the receiving party from a third party under circumstances permitting its disclosure to others; or
   (d) is independently developed by the receiving party.
3. In the event of the expiration or any termination of this Agreement, each

party, upon the written request of the other party, shall return to the other party or destroy and certify the destruction of all confidential and proprietary information and reproductions thereof.

4．不可抗力

　日本法では「債務者の責めに帰すべからざる事由」によって債務の履行をすることができなくなった場合には債務者は責任を負わないので，日本法を準拠法とする契約では不可抗力の場合の免責は不要である。しかし，債務不履行が原則として無過失責任と考えられている英米法のもとでの英文契約では不可抗力の免責は必要不可欠である。特にイギリス法において一般的に免責範囲が狭いこともあり，不可抗力条項では天災地変・火災・洪水・戦争・内乱・暴動・ストライキといった考えられるあらゆる場合を列挙した上で，「その他，当事者のコントロールを超える事由（beyond control of the parties）」を加えるのが普通である。不可抗力事象によって契約の履行を妨げられている当事者は，免責の条件として，その不可抗力の内容について速やかに相手方に通知する義務を負う。ここでの通知は契約上は書面の通知（written notice）であることが多いが，CISG 79条やユニドロワ原則7.1.7条の不可抗力の条項においては書面性は要求されていない（第2章参照）。なお，民法では不可抗力によって履行が免責される債務には金銭債務は含まれない（419条3項）が，各国法や国際契約法原則では必ずしもそうは考えられていない。そこで，金銭債務を免責の対象から除外するためには except 以下の文章を入れておくことが必要である。不可抗力が発生しただけでは通常は解除権までは発生しないと考えられるので，不可抗力事象が一定期間継続後に解除権が発生するよう定めておくのが普通である。

ARTICLE * FORCE MAJEURE
Neither party shall be liable to the other party in any manner for failure or delay to fulfill all or part of this Agreement, directly or indirectly, owing to act of God, governmental orders or restriction, war, threat of war, warlike conditions, hostilities, sanctions, mobilization, blockade, embargo, deten-

tion, revolution, riot, looting, strike, lockout, accident, or any other causes or circumstances beyond its control ("Force Majeure Event"), except that payment obligations hereunder shall not be subject to force majeure. On the occurrence of any of the Force Majeure Event, the party so affected shall immediately provide written notice to the other party of the date, the nature and anticipated period of time of the Force Majeure Event. If the Force Majeure Event continues for a period of six (6) months, then either party shall have the right to terminate this Agreement forthwith upon written notice.

5．契約譲渡

契約上の地位，権利，義務を相手方の同意なしに第三者に譲渡できない旨の条項である。

ARTICLE * ASSIGNMENT
Neither party may assign or otherwise dispose of this Agreement and any right or obligation arising under this Agreement without a prior written approval given by the other party.

6．通　　知

契約上は注文，承諾，解除など重要なことを通知しなければならないことが多いが，その通知先，通信手段などを定めておくものである。

ARTICLE * NOTIFICATION
Any notice which may be or is required to be given under this Agreement shall be in writing in the English language and shall be sent by facsimile, e-mail or registered airmail, postage prepaid, to the receiving party at the addresses shown below;
　To the Party A:
　To the Party B:

7．当事者の契約関係

契約によっては，当事者間の契約関係を確認のために明示しておいた方がいいようなケースもある。販売店契約の場合に，当事者の関係は売主買主の関係であって代理権を与えるものではない（狭義の代理店契約ではない）ことを明示する場合や，その他の契約で，各当事者は独立した当事者として行為しており，パートナーシップやジョイントベンチャーを構成するものではないことを明示する場合などである。

> ARTICLE * PRIVITY
> The relationship hereby established between the Seller and the Buyer shall be solely that of seller and buyer, and the Buyer shall be in no way the agent or representative of the Seller or any purpose whatsoever, and shall have no right to create or assume any obligation or responsibility of any kind, whether express or implied, in the name of or on behalf of the Seller, or to bind the Seller in any manner whatsoever.
>
> ARTICLE * INDEPENDENT CONTRACTOR
> The parties are independent contractors, and nothing contained herein shall constitute or be construed to create a partnership, agency or joint venture between the parties.

8．完全合意

契約締結以前（契約交渉中を含む）に口頭または文書でやりとりされた内容が契約書と異なったり矛盾したりする場合には，それらの内容は無効であり契約書がすべてに優先するという条項である。契約交渉中には会話やメモ，FAX，メールなどの形で多くの意思や情報の交換がなされるが，これらは本来は最終的な契約書の形で結実しているはずであり，契約書と矛盾するものが契約締結後も生きていると問題を起こすことになるからである。ただ，契約書と矛盾しないものについては，契約の曖昧な部分を解釈する手段として使うことはできるであろう。日本語の契約でこの条項が使われることはあまりないため翻訳が難しいが「完全合意」とか「完全なる合意」とかで

説明されていることが多い。また，契約書の修正は書面で行わなければならないという条項がセットで入ってくることも少なくない。

> **ARTICLE * ENTIRE AGREEMENT**
> This Agreement supersedes all prior discussions, negotiations and writings and constitutes the entire and only agreement between the parties concerning the subject matter, and may not be changed, altered or amended except in writing signed by duly authorized representatives of the parties.

9．権利不放棄

一方当事者が契約上のある権利を行使をしなかったからといって他の権利も放棄したことにはならないという条項である。

> **ARTICLE * NO WAIVER**
> No failure or delay of either party to require the performance of the other party of or to assert its rights under any provision of this Agreement shall in any way be deemed or construed to be a waiver of such provision or this Agreement.

10．分離条項

契約のある部分が裁判所などによって無効または違法とされた場合にも契約の他の部分の効力には影響を与えないという条項である。

> **ARTICLE * SEVERABILITY**
> If any of the provisions of this Agreement becomes or be held invalid, ineffective or unenforceable, all other provisions of this Agreement shall remain in full force and effect.

11．章のタイトル

契約の各章または各節のタイトルは便宜上のものであって，その内容を表

したり内容に影響を与えたりするものではないという条項である。

> **ARTICLE * HEADINGS**
> Headings in this Agreement are for convenience only and shall not affect the interpretation hereof.

12. 言語と正本

契約書を厳格に間違いなく解釈するためには，一つの言語を使う必要があり，たとえ他の言語による翻訳があってもそれはあくまで翻訳であり正文ではないことを確認しておく条項である。国際契約には英語が正文として使われることが圧倒的に多い。ただ，日中間の契約においては，日本語版と中国語版の両方を作成し，しかも日中両文とも正本であって両者は同等の効力を持つと記載されることがある。実際に両国語版で内容に齟齬が生じて問題が発生するリスクがないことはないが，実務ではこういう扱いがされていることが多い[6]。

> **ARTICLE * LANGUAGE**
> The governing language of this Agreement shall be English. If a Japanese translation hereof is made for reference, only the English version shall have the effect of a contract and the Japanese version shall have no effect.

13. 存続条項

契約が終了した後も引き続き効力を持たせたい条項がある。例えば，秘密保持条項や競合避止条項などであり，この条項を存続（survival）条項という。

---

[6] ユニドロワ国際商事契約原則 4.7 条では「契約に二つ以上の言語で作成された版があり，それらが等しく拘束力を有する場合において，それらの間に齟齬があるときは，最初に作成された版に従って解釈されることが望ましい」とされている。

> **ARTICLE * SURVIVAL**
> Notwithstanding any other provisions of this Agreement, the following provisions shall survive any termination or expiration of this Agreement（for a period of five years）;
>   Article X, Article Y and Article Z.
> →永久に存続させる場合にはカッコ内は不要。

14. 準　拠　法

　国際契約がどの国の法律に準拠して解釈されるかという問題は国際私法・抵触法の領域に属するが，その決定にあたっては広く当事者自治の原則が認められているため[7]，契約中に準拠法を定めることが広く行われている。ただ，準拠法は万能ではなくて，社会秩序の維持や弱者保護の見地からの強行法規とか属地主義が適用される場合には裁判地の法規が優先適用される場合も少なくないので注意する必要がある[8]。それでも準拠法を日本法にすることができれば契約上有利であることは間違いないが，準拠法をどちらがとるかは他の条項とのバランスや力関係となることが多い。特にアメリカ企業との交渉で準拠法を日本に持ってくることは現実には至難の業である。従って，契約交渉のやり方としては準拠法をとることを過度に重視する必要はないし，現実にも交渉の決着がつかないで準拠法は定めないことにする場合も多い[9]。

---

7) 日本では従来「法例」で定められていたものが，平成18年6月施行の「法の適用に関する通則法」で全面改正された。通則法7条で，「法律行為の成立及び効力は，当事者が当該法律行為の当時に選択した地の法による」として準拠法の選択を認めた上で，8条で「当事者による準拠法の選択がない場合」の客観的連結について定める。まず，1項で，「法律行為に最も密接な関係がある地の法」にするとの原則を述べた後でそれを具体化するために，2項で，特徴的給付を行う当事者の所在地法によるとしている。これによれば，原則としては，一般売買契約では売主，消費貸借や賃貸借契約では貸主，請負契約では請負人，保証契約では保証人，運送契約では運送人の所在地法となる。
8) 刑事法，会社法などはもちろんのこと，労働法，消費者法，独占禁止法，証券取引法，投資法，知的財産法などが考えられる。

なお，第2章で詳述するCISG（ウィーン統一売買条約）が2009年8月より施行されているため，準拠法を日本法とした場合にはCISGも自動的に適用される。従って，CISGの適用を排除したい場合には明示的に排除する条項を置くことが必要である。これは他のCISGを批准している国の法律を準拠法とする場合にもあてはまる。

> **ARTICLE * GOVERNING LAW**
> This Agreement shall be governed and construed in accordance with the laws of Japan.
>
> ［CISGの適用排除］
> Any and all provisions of the United Nations Convention on Contracts for the International Sale of Goods (1980) shall not apply to this Agreement.

15. 紛争解決条項

　国際契約に関する係争の解決のためにどこの国の裁判所が管轄を持つかを合意しておくいわゆる合意管轄も原則として有効である。日本の民事訴訟法11条および国際裁判管轄に関する新設の3条の7[10]は当事者による裁判管轄の合意を認めており，これらの規定によって日本の裁判所が管轄権を持つことも外国の裁判所が管轄権を持つことも認められている[11]。ただ，執行地が異なる場合には，別途執行判決を取得する必要があることに注意しなければならない。
　一方で，実際の国際契約における紛争解決条項としては仲裁が使われることの方が多い。仲裁は，当事者が紛争の解決を裁判官ではない私人としての

---

9) まれに第三国法とすることもある。
10) 平成23年改正（平成24年4月施行）によって国際管轄条項がつけ加えられた。
11) 昭和50年の最高裁判例によれば，外国裁判所の合意管轄を認めるためには，①日本の専属管轄に属さないこと，②その外国裁判所がその国の法律によって管轄権を持つこと，③公序に反しないことがあげられている（最判昭和50年11月28日民集29巻10号1554頁）。

仲裁人に委ねるものである。裁判の場合は合意管轄がない場合には国際裁判管轄の考え方によって管轄が決定されるが，仲裁は当事者の合意によるものであり，国際契約の中に仲裁条項を置く場合と別途仲裁合意をする場合とがあるが，通常は前者のやり方をとる。仲裁が合意された場合には，その案件を裁判所に持ち込んでも却下される。仲裁のメリットは，一審制であり集中審理が行われるため迅速な解決が図れること，審理の進め方に当事者自治が認められること，仲裁人として当該取引分野の専門家など様々な人を選任できること，非公開であるため技術的・営業上の秘密が保てることなどがあげられる。しかし，これらは裏返せばそのままデメリットにもなり得るものであり，一審限りで上訴ができないこと，手続や判断の基準が曖昧とも言えるし進め方でトラブルが起こることもあることなどがあげられる。仲裁決定は仲裁裁定という形で出されるが，その結果は裁判所の和解勧告のように足して二で割ったようなものになることも少なくない。従って，有利なケースを戦う側の当事者にとって不本意な結果が出る可能性もあると言えよう。

　仲裁をどこで行うように定めるかは準拠法よりも重要であり，契約交渉では自分の方に仲裁地を持ってくるよう駆け引きが行われる。準拠法と同様に，他の条項とのバランスや力関係で決められることとなるが，妥協案としては通常は二つのやり方が考えられる。一つは第三国とすることであり，もう一つは被告地主義をとることである。被告地主義というのは，常に訴えを提起される側の当事者の国を仲裁地とするというものである。各国に仲裁機関があるが，日本の場合には日本商事仲裁協会がその役割を担っている。仲裁裁定の執行に関しては二国間条約または多国間条約で相互に保証する形をとっているが，代表的なものは百数十ヶ国で批准されているニューヨーク条約でありこの条約によって仲裁裁定の執行が世界的に保証されていると言えよう。

ARTICLE * JURISDICTION
　Any dispute arising out of or with respect to this Agreement shall be subject to exclusive jurisdiction of the Tokyo District Court.

ARTICLE ＊ ARBITRATION
Any and all disputes arising out of or with respect to this Agreement shall be amicably and promptly settled upon consultation between the parties hereto. The parties agree that if an amicable settlement is not reached, the disputes shall be settled by arbitration in Tokyo in accordance with the Commercial Arbitration Rules of the Japan Commercial Arbitration Association. The award rendered shall be final and binding upon the parties and may be entered in and enforced by any court of competent jurisdiction.

［仲裁地は被告地主義で，適用規則がICC規則の場合］
The parties agree that if an amicable settlement is not reached, the disputes shall be settled by arbitration in accordance with the Rules of Conciliation and Arbitration of the International Chamber of Commerce. If the claimant is the Seller（外国会社）, the place of arbitration shall be Tokyo, Japan and if the claimant is the Buyer（日本の会社）, the place of arbitration shall be London, U.K.

第4節　売買契約

　売買契約には後述の通り，個品売買と継続的売買とがあるが，ここでは使われる頻度の高い継続的売買契約についてふれる。継続的売買契約は売買基本契約という形で締結され，それに基づいて個別に出される注文が個別契約という位置付けとなる。継続的売買契約は様々な局面で使われるが，主なものとしては，販売子会社への販売，製造子会社からの購入，商社によるメーカーからの購入，下請からの購入が売買の形態をとる場合（下請との取引には部品・原材料を供給して製造費を支払う形のものもある），販売店（distributor）への販売，OEM取引，部品・原材料の購入などがあげられる。このうち，OEMは買主ブランドでの取引であって，通常は売主の技術・設計にかかる製品に買主ブランドを付して調達するものであり，売主は同一または類似の製品を自らのためまたは他の第三者のためにも製造しているのが普通である。買主の側からすれば自ら製造するよりも調達した方がコストが

安い場合に使われ，売主の側からすれば生産量を増やしてコストを下げるメリットがある。継続的売買契約のうち，販売店契約は独特の要素を持っているため，売買契約一般に見られる条項と販売店契約に特徴的な条項に分けて考察する。

1．売買契約一般

(1) 売買取引条件

売買契約に含まれるべき基本的な条項は，売買の主要条件である製品，品質，数量，価格，引渡（船積），支払（決済）および品質保証であるが，このうち，品質保証を除く部分がいわゆる基本的な売買取引条件となる。製品については定義で示すか添付書類（Exhibit, Appendix など）に記載するかとなり，品質については添付書類としての仕様書（Specification,「スペック」と呼ばれる）に詳細が記載される。実際に買主から売主に発注する場合には，個別契約に相当する注文書が出されることになるが，納期から何ヶ月前までに出さなければならないという，いわゆるリードタイムが記載される。また，個別注文のほかに，売主の生産手配のために拘束力のない注文予測（forecast）が記載されることも多い。この場合には実際の注文書のことは確定注文（firm order）と呼ばれる。注文予測は確定注文の予定納期月以降の数ヶ月の予定について出され，各月の予定数量が定期的に（毎月など）更新されるのが普通である。基本契約書では売買の数量については1年とか四半期とかの単位期間ごとの数量を取り決めることが多く，各注文ごとの具体的な数量は注文書に書かれる。

> **ARTICLE ＊ INDIVIDUAL ORDER**
> Any individual purchase order which the Buyer will place with the Seller under this Agreement shall be in writing and is subject to the discretionary acceptance of the Seller in writing. Such purchase orders shall be submitted by the Buyer in time to be received by the Seller at least four (4) months prior to the requested delivery date.
> 　（個別売買は売主による注文書の承諾によって成立する。ここではリードタイム

は 4 ヶ月)

The terms and conditions of this Agreement shall prevail over any inconsistent terms and conditions printed in any purchase order of the Buyer or any acceptance of the Seller which may be issued hereafter.
(基本契約と個別契約が抵触する場合には, 基本契約が優先する)

ARTICLE * FORECASTS

The Buyer shall provide the Seller, on a monthly rolling basis, with an order forecast for the Products to be delivered to the Buyer in the six (6) month period commencing with the fifth (5th) month following the month in which such forecast is issued. Each such order forecast shall state the quantity of each model of the Products and delivery month.

例えば, 注文と rolling forecast の発行月:2月
　　　　当該注文の納品月:6月
　　　　当該 rolling forecast の対象月:7月から12月まで

　価格については, 当初価格を定めておいてその後の価格は協議で決めたり計算式を定めておいたりする。引渡(船積)条件としてのFOBやCIFはそのまま価格条件としても使われている。決済通貨の取り決めも重要であるが, 急激な為替変動の時のリスクを一方当事者だけが負担するのではなくて, 一定の範囲を超えた変動の場合には価格の調整を行う旨の条項が入ることもある。引渡(船積)条件としては後述のとおり, FOBとCIFが多く使われている。支払(決済)条件としては, L/C(信用状), D/P(支払渡し), D/A(引受渡し), T/T(電信送金)などが使われているが, L/Cが使われることが最も多い。信用状の開設は買主の先履行義務となり, 開設の遅延や不履行は買主の債務不履行を構成する。

ARTICLES * DELIVERY, TITLE AND RISK OF LOSS

All the Products shall be delivered to the Buyer, FOB Japanese port of shipment, which shall be construed in accordance with INCOTERMS 2010 as amended. Title to and risk of loss of the Products purchased by the Buyer hereunder shall pass to the Buyer when the Products are loaded in Japan on a carrier which will transport the Products to the port of entry in Thailand.

ARTICLE * PRICES
The prices to be paid by the Buyer for the Products under this Agreement shall be those quoted in Japanese Yen and specified in EXHIBIT B, attached hereto and made a part hereof during the term of this Agreement. Such prices shall be FOB Japanese port prices and include all charges up to the point where the Products to be shipped are placed on a carrier in Japan which will transport said the Products to the port of entry in Thailand. It is understood between the parties that any tax, assessment, duty, charge and expenses imposed by operation of law or regulations in Thailand in connection with importation, sales, distribution or services of the Products shall be borne by the Buyer.

ARTICLE * TERMS OF PAYMENT
All payments by the Buyer to the Seller for the Products hereunder shall be made in Japanese Yen under an irrevocable letter of credit which the Buyer shall cause to be established, for each purchase order accepted by the Seller, the letter of credit must be issued by a prime bank satisfactory to the Seller at least thirty (30) days prior to the date of shipment stipulated in such purchase order. Each such letter of credit shall cover the full amount of the relevant purchase order and shall be available against the Seller's draft at sight.

(2) 品質保証

瑕疵ある商品の引渡による品質不良の問題は売買契約上でのトラブルの最も多いものの一つであり，契約書の記載に関して最も注意すべき事項である。保証の書き方としては，材料と仕上げ面で欠陥のないこと（free from defects in material and workmanship）や仕様書に適合している（conform to specifications）ことなどが基本的なものである。

買主が保証条項によって救済を得るためには，一定期間内に欠陥や不良品の証明を付して売主に請求する必要があるが，その期限が保証期間となる。その起算点は引渡時点として B/L（船荷証券）日付からとされることが多い。救済の手段としては，修理（repair），交換（replace），返金（reimburse）の

うちから選択されるが，どれが適しているかは製品によっても状況によっても異なってくる。また，当事者の便宜からして，買主が修理してその費用を売主が負担することもよく行われる。救済手段について当事者のどちらが選択権を持つかであるが，買主に与えた方がより的確な救済となろうが，売主としてもできればこの選択権は保持したいところである。

なお，偶発的な不良ではなくて，納入された製品のうちの相当の割合に同一の不良が見られる場合にはより深刻であって，このケースを傾向不良 (epidemic failure) として，買主により大きな救済を与えることがある。この場合は転売して市場に出回った製品もカバーするべく保証期間を長くすることが多い。

また，売主の責任を契約に書かれている内容に限定する目的で，これ以外の黙示の保証（商品性および特定目的適合性など）はしない旨の記載をすることがあるが，この目的で書かれる条文はすべて大文字になることが多い。これは米国統一商法典（Uniform Commercial Code）の2-316条に，商品性 (merchantability) と特定目的適合性 (fitness for particular purpose) に関する黙示の保証（implied warranty）を排除するためには，その旨を目立つように (conspicuous) 記載しなければならないとあるのを受けたものである。必ず大文字で書かなければならないわけでもないが，目立つようにするために大文字で書くのが慣行となっている。また，これは米国法の規定に沿ったものであるが，実務では米国以外の当事者との契約でも使われることが多い。また，売主の責任の限定としては，このほかに営業損失などの結果的，派生的損害の負担を避けるためにこれらを排除する条項が入ることもある。さらに，売主のトータルの損害賠償額の上限を契約金額の100％とか50％とかあるいはもっと少ない額の形で定めることも考えられる。

なお，中古品売買で使われることのある現況有姿による引渡（on an "as is" basis）の場合には，品質保証なしで現況のまま引き渡すことになる。

ARTICLE * WARRANTY
1. The Seller warrants to the Buyer that the Products shall be free from defects in materials and workmanship. Warranty shall cease to be applicable after acceptance of the Products by the Buyer in accordance with paragraph 2 be-

low, except in the case of Epidemic Failure set forth in paragraph 3 below.
2. The Buyer shall send the Seller a written notice of any claim connected with the defect of the Products, whether latent or patent, together with a proper evidence thereof, in time to be received by the Seller within ninety (90) days from the date of the relative bill of lading of the Products. Unless such notice accompanied by proper evidence is received by the Seller within such ninety (90) days period, the Buyer shall be deemed to have accepted the Products and waived any claim with respect to the Products concerned. If the Seller, after the examination of such alleged claim, acknowledges that any of the Products concerned is defective due to the fault or negligence of the Seller or the manufacturer of such Products, then the Seller will at its option in each instance:
 (a) replace, free of charge, such defective Products or parts thereof
 (b) repair such defective Products at the Seller's expenses, or
 (c) reimburse the Buyer for the expenses incurred by the Buyer in correcting such defective Products.
3. "Epidemic Failure" shall mean a series of identical failures or defects in at least seven percent (7%) of the total quantity of the Products delivered in one shipping lot and which constitutes five (5) units or more of such one lot. In the event that the Buyer notifies the Seller in writing of Epidemic Failure within one (1) year after the date of delivery of the Products concerned, together with reasonable evidence thereof, and that the Seller recognizes such Epidemic Failure to be attributable to the Seller, the Seller shall at its option:
 (a) replace, free of charge, such defective Products or parts thereof
 (b) repair such defective Products at the Seller's expenses, or
 (c) reimburse the Buyer for the expenses incurred by the Buyer in correcting such defective Products.
4. The provisions of the paragraph 3 above shall not apply to any parts or components which are normally consumed in operation or have inherently shorter life of operation.
5. THE FOREGOING STATES THE ENTIRE AND SOLE WARRANTY MADE BY SELLER WITH RESPECT TO PRODUCTS AND ANY PART THEREOF DELIVERED TO BUYER PURSUANT TO THIS AGREEMENT AND ALL OTHER WARRANTIES, INCLUDING WITHOUT LIMITATION, MERCHANTABILITY AND FITNESS FOR A PAR-

TICULAR PURPOSE, ARE HEREBY EXPRESSLY DISCLAIMED.

ARTICLE * LIMITATIONS OF LIABILITY
In no event shall the Seller be liable to the Buyer for consequential, incidental, special or indirect damages arising out of or related to this Agreement or the transactions contemplated hereunder.

(3) 第三者特許保証条項

　売買契約においては，買主は仕様書やその他の技術書類によって製品の技術的内容については知ることができるしそれに十分に満足してから購入することになる。しかし，その製品を購入して自ら使用または転売した後で，第三者からその製品がその第三者の特許権を侵害しているというクレームを受けた場合には非常に困った立場に置かれることになる。買主にとってこのような特許チェックは不可能であり，この場合の責任は売主が負担するのが妥当である。そのために，対象を特許から知的財産権全般に拡大して売主に責任と負担を負わせる条文が入ることが多い（稀に，売主が一切の責任を負わない場合もある）。ここで使われる indemnify and hold harmless という語は売主が買主に発生し得るすべての損害，費用を負担するというものである。ただし，その侵害が買主から提供された設計，図面や買主の指示に起因する場合，その製品が他の製品と組み合わせて使用されることによって侵害が発生した場合，改造されることによって侵害が発生する場合などには売主は責任を負わない。また，売主が責任を負うためには，買主から第三者のクレームについての情報を速やかに受領し，自ら防御し解決する機会と権限を与えられなければならない。

ARTICLE * INTELLECTUAL PROPERTY RIGHTS INDEMNIFICATION
1. The Seller shall indemnify and hold the Buyer harmless against any claim or dispute from any third party arising out of or with respect to infringement of patents, trademark, utility models, copyrights, trade secrets or any other intellectual property rights in connections with the Products, whether

in the Seller's country or the country of destination.
(最後の部分では，保証の範囲を売主の国と仕向先の国に限定しているが，この部分がなければ世界中となる)
2. In case Buyer and/or its customers receive a claim or lawsuit from any third party for the infringement set forth in paragraph 1. above, the Seller shall defend or settle such action and pay damages and/or costs finally awarded by a court or arbitration tribunal or agreed as a settlement with regard to such infringement, provided, however, that the Buyer promptly provides the Seller in writing with all the information of such action and necessary assistance and that the Seller is given an appropriate opportunity to defend or settle such action.
3. Notwithstanding the foregoing, the Seller shall have no liability under this Agreement for any claim:
  (a) resulting from any instruction or specification supplied by the Buyer;
  (b) based on or arising out of modifications to the Products or parts thereof made by the Buyer;
  (c) arising from any infringement occasioned due to the combination of the Products with any other product; or
  (d) resulting from the use of the Products in a manner for which they were not designed or intended.

2．販売店契約（ディストリビューター契約）

(1) 販売店としての任命

売り切り買い切りの形での販売店契約（Distributorship Agreement）は，売買契約の一種であるが，特有の条項を含んでいる。まず最初に販売店の地位を明確にするために，買主は販売店（distributor）であるとか，売主は買主を販売店に任命するとかの文言が入る。販売店としての権限を持つのは特定地域または特定国（territory）に限定されるのが通常である。また，その地域に関して，独占的販売店（exclusive distributor）とするか非独占的販売店（non-exclusive distributor）とするかを決めなければならない。独占的販売店契約は通常は一手販売店契約と言われることが多い。

> **ARTICLE * APPOINTMENT**
> The Seller appoints the Distributor as an exclusive distributor of the Products under the trademark(s) of the Seller in the Territory. The Distributor accepts such appointment and undertakes to devote its best efforts to the sale, distribution and services of the Products in the Territory.

(2) 取引制限条項

一手販売契約では相互に第三者との取引を制限することとなる。売主は独占権を与えた意味として, 当該地域内で他の販売店を任命せず, 第三者に当該製品を供給しないものとする。これに対応する義務として, 一手販売店は当該地域内において当該製品と競合する製品を扱ってはならない。また, 一手販売店が任命を受けているのは当該地域のみであるので, 売主から購入した製品を当該地域外に転売してはならないのが原則である。各地域間での自由な並行輸入は売主の地域販売店政策を阻害することになるからである。しかし, 並行輸入の完全な禁止は独占禁止法上の問題を惹起する可能性もある。特に EU 競争法は, 加盟国間の自由な貨物の流通を阻害する取り決めに対しては極めて厳しい態度をとっている。そのため, 契約ではストレートに地域外への転売を禁止しないで, 地域外で積極的に顧客を探したり販売拠点を設置したりすることを禁止するにとどめるのが普通である。これなら EU でも概ね問題とはならない。ただ, EU 以外の場合にはストレートに地域外への転売を禁止する契約でも問題とならないことも多いので, EU 版と非 EU 版の二種類を用意しておいて, 独占禁止法をチェックの上で使い分けることも行われている。また, 中近東においては並行輸入の禁止が問題とならないばかりか, 一手販売店からは他国からの製品の流入に対して強いクレームが来ることが多いので, むしろストレートに地域外への転売を禁止するのが普通である。

> **ARTICLE * EXCLUSIVITY**
> 1. The Distributor shall not engage in the sale, marketing, distribution or promotion of any goods which are directly or indirectly competitive with or similar to the Products.

（一手販売店による他ブランドの取り扱い禁止）
2A. The Distributor shall not advertise, solicit orders of or actively seek customers for the Products nor establish any branch or maintain any distribution facility for the Products, outside the Territory.
（ゆるやかな輸出制限＝EU版）
2B. The Distributor shall not, directly or indirectly, sell, export or re-export the Products supplied by the Seller to any other person located outside the Territory.
（直接的な地域外への輸出禁止＝非EU版）
3. The Seller shall not appoint any other distributor for the Products in the Territory and shall not supply or sell the Products to any person other than the Distributor within the Territory.
（売主による他の販売店への販売禁止）

(3) 最低購入量ほか

一手販売店契約の場合には，売主としてはその地域の販売とマーケティングは全面的にその販売店に任せるわけであるから，その販売店に満足のいく販売実績をあげてもらわなければそのビジネス目的を達成できない。そのため，ある期間における（年間が多い）最低購入量を定めることがよくある。売主にしてみれば最低購入量未達を契約の解除事由にしておきたいところであるが，わずかの未達も解除につながるとすれば販売店にとって酷であるとして，著しい契約の不均衡とか優越的地位の濫用と判断されることもある。従って，重大な未達のみを解除事由としたり，解除でなく非独占販売店への変更とすることも考えられる。

販売店としての機能を果たすために一定の製品在庫を持つことに加えて，販売した製品のアフターサービスをしっかりやること，それに対応するために部品とスタッフを準備しておくことは非常に重要である。一方で，この販売店の義務の履行のために，売主側には部品を供給する義務が課せられる。

ARTICLE ＊ MINIMUM PURCHASE AMOUNT
1. The Distributor shall purchase, for each year during the term of this Agreement, at least such amount of the Products as set forth in the EXHIBIT.
2. In case the Distributor fails to achieve the Minimum Purchase Amount for

any one-year period, the Distributor will lose exclusive distribution right under this Agreement and this Agreement will continue for the remaining period as a non-exclusive distribution agreement.

ARTICLE * SERVICE OBLIGATIONS
1. The Buyer shall provide its customers with a prompt and proper service and maintenance for the Products at its own expense and responsibility.
2. For the purpose of this Article, the Buyer agrees to stock such reasonable quantity of service parts as are required to provide such service and maintenance for the Products and agrees to maintain appropriate service facilities, including reasonable number of qualified persons acquainted with installation and maintenance of the Products.
3. The Seller shall supply the Buyer with any available service parts required for the purpose of this Article in accordance with the then current price list for the Seller's service parts, which prices may be changed from time to time by the Seller.

第5節　特許・技術ライセンス契約

　ライセンス契約はライセンサー（実施許諾者）がライセンシー（実施権者）に対して自ら所有する知的財産権の使用をライセンス（許諾）することによってその対価を得る契約である。許諾の対象はあらゆる知的財産権に及ぶが，実務上重要となってくるのは特許ライセンス，技術（ノウハウ）ライセンス，商標ライセンス，ソフトウェアライセンスなどである。ライセンス契約の内容は各知的財産権によって異なるが，主要条項で各ライセンス契約に共通なものは，ライセンス（実施許諾）する旨の文言とその内容（対象となる知的財産権，許諾地域，サブライセンス権の有無など），技術の場合には技術指導の内容，ライセンスの対価（ロイヤルティー），改良技術の取り扱い，ライセンサーによる保証，秘密保持義務などである。
　技術ライセンス契約は製造技術などのノウハウを提供するものであって，特許ライセンス契約が純粋にライセンサーの保持する特許の使用を許諾する

ものであるのに比べて，技術を移転するという性格が強い。形式上は使用許諾であっても，一旦提供したノウハウはそのままライセンシーの技術者の頭の中に入ってしまうからである。そのため，技術ライセンス契約はしばしば，技術移転契約，技術援助契約，技術供与契約，技術導入契約などとも呼ばれている。一般的に，特許ライセンス契約も技術ライセンス契約もどちらも包括的に技術移転契約と呼ばれることも少なくないが，その実態としては，権利の物理的な移転の場合とライセンスの場合を含んでいる。ただ，実際には，権利の譲渡契約は少なく，圧倒的にライセンスの方が多い。特許ライセンスが先進国企業間ないしは発展途上国の先進優良企業を巻き込んで多く行われるのに対して，技術ライセンスは先進国企業から発展途上国企業に対してなされることが多くなる。また，技術ライセンスは，第三者の企業に対しても行われるが，海外製造子会社や製造合弁会社に対して行われることも多い。ライセンシーが提供された技術を使用して実際に製造を行う場合には特許の使用も必要となるため，特許ライセンスと技術ライセンスを合わせて行うのが普通である。なお，商標ライセンス契約は，ライセンシーが製造した製品にライセンサーの商標（ブランド）を付して販売することを許諾する契約であり，これについては第6節で詳述する。

1．ライセンスの許諾

　ライセンスの供与の場合には，許諾対象製品，許諾対象特許，許諾対象技術，許諾対象地域などの詳細な定義がきわめて重要となってくる。これらは本文に加えて添付書類で詳細に記載されることが多い。ライセンスの許諾条項には許諾の条件として，排他的か非排他的か，譲渡可能であるか譲渡不能であるか，再実施権（サブライセンス権）がついているかどうか，地域限定があるかどうかなどが記載される。ライセンシーの立場からすれば排他的ライセンスの方が良いが，その場合はロイヤルティーが高くなる上に，最低ロイヤルティーが課せられることになるので慎重な検討が必要である。再実施権は契約上に明記されない限りは許諾されていないと解釈すべきである。許諾の対象行為としては製造，使用，販売などがあげられるが，製造の中でも

下請製造を認める場合にはいわゆるハブ・メイド条項（have made, have manufactured）を入れておく。

ARTICLE * DEFINITIONS
1. "Licensed Products" means..........
2. "Licensed Patents" means..........
3. "Licensed Technology"（または "Contract Technology", "Technical Information"）means..........
4. "Territory" means..........

ARTICLE * LICENSE GRANTED
Licensor hereby grants to Licensee, during the term of this Agreement, under the Licensed Patents and Licensed Technology, a non-exclusive and non-transferrable license, with the right to grant a sub-license, to manufacture, have manufactured, use and sell the products under the Licensed Patents and the Licensed Technology in the Territory.

2．情報の開示と技術指導

技術ライセンスの根幹は情報の開示と技術指導である。情報の開示だけではライセンシーが対象製品を製造するためには不十分なのでライセンシーの従業員への技術指導が重要な意味を持ってくる。技術指導は，ライセンサーの技術者をライセンシーの施設に派遣して指導するものとライセンシーの技術者をライセンサーの施設に受け入れて指導するものとがあり，両者の併用で行うことが多い。ライセンサーの技術者の派遣の規模をはかるためには通常は人日（1人が1日派遣された場合を1として人数と日数を掛け合わせたもの）が使われ，man-days と表現される。ライセンシーは，渡航費用と宿泊費用に加えてアブセンス・フィーを負担するのが普通である。これはその技術者がもしライセンサーの会社で業務に従事していたとしたら稼ぐであろう所得相当額の一部であるが，実際には日当として1日あたりの金額を決めておく。ライセンシーの技術者の受け入れに関しても人数や時期について合意しておく必要がある。また，派遣費用はすべてライセンシーの負担とする。

ARTICLE * DISCLOSURE OF TECHNICAL INFORMATION
Within thirty (30) days from the Effective Date of this Agreement, the Licensor shall furnish the Licensee with all the materials of the Technical Information written in English.

ARTICLE * TECHNICAL ASSISTANCE
1. In order to assist the Licensee in acquiring reasonable expertise with respect to the Technical Information, the Licensor shall send qualified personnel of the Licensor to the designated facilities of the Licensee to render technical assistances and consultations in connection with engineering and manufacture of the Licensed Products.
2. The personnel of the Licensor shall be sent at reasonable intervals and convenient times as agreed upon in advance by the parties. The total period of such technical assistance shall not exceed fifty (50) man-days.
3. All the travelling expenses, living and other expenses and absence fees incurred for sending the personnel of the Licensor shall be borne by the Licensor. Absence fees shall be calculated as the amount of three hundred (300) U.S. dollars per person per day.
4. The Licensor further agrees, upon request of the Licensee, to allow a reasonable number of personnel of the Licensee to visit the designated facilities of the Licensor for training in order that such personnel acquire and learn skills and knowledge for engineering and manufacture of the Licensed products. Such training shall be done in such a manner as agreed by both parties and all the expenses incurred for such training shall be borne by the Licensee.

3．対価（ロイヤルティー）

ライセンス契約の対価の支払にはいくつかの方法がある。最も単純なのは一括支払のランプサム（lump-sum）契約であるが，通常は売上高にリンクするランニング・ロイヤルティー（running royalty）による支払方式が使われる。また，前払一時金としてのイニシャル・ペイメント（initial payment）とランニング・ロイヤルティーを併用するやり方もよく使われている。ランニング・ロイヤルティーには定額方式（売上1台につきいくら）と定率方式

（売上金額の一定比率）があるが，後者の方がよく使われている。定率方式の場合の分母となる売上の計算式としては，販売経費控除前の純粋売上金額を使うもの（gross sales price）と，販売促進費や広告費などの経費を控除した金額を使うもの（net sales price）とが見られる。

　ランニング・ロイヤルティーはライセンサーから見ると，売上が伸びないでロイヤルティー額が少なくなるというリスクがある。そこで，このリスクを除くために売上不振の場合でもそれだけのロイヤルティーは支払わなければならないというミニマム・ロイヤルティーを定めることがある。これは排他的ライセンスや非常に価値の高い知的財産権のライセンスの場合に使われることが多い。ライセンシーは定期的に，ロイヤルティー算出根拠となる売上高とロイヤルティー額を報告し，帳簿を保管しなければならない。

　ライセンス契約の対価の支払いで無視できないポイントとなるのが税金である。ライセンス料の海外送金に対して源泉国（送金国）において源泉徴収税が課せられる場合には，実際の送金額はライセンシーが（ライセンサーに代わって）当局に支払った税金額を控除した金額となる[12]。これについては，二国間の租税条約で軽減税率が決められていることが多い（通常は10％）。ライセンシーは，ライセンサーが自国で外国税額控除を受けられるように，源泉徴収税の支払の証明書をライセンサーに送付することを要求される。また，この源泉徴収税はライセンサーの所得税であるためライセンサーが負担するわけであるが，契約書に対価として書かれるライセンス料を税引後価格であると考えた場合には，ライセンシーが税金を負担してライセンサーには満額の送金をしなければならない。ライセンス料の交渉でこの点が問題となることがあるので注意する必要がある。

---

12) 平成15年の日米租税条約（所得に対する租税に関する二重課税の回避及び脱税の防止のための日本国政府とアメリカ合衆国政府との間の条約）によって，日米間においては，ロイヤルティーは源泉国において非課税となっており，ロイヤルティー受領企業の所在国においてのみ課税されることとなった。従って，日米企業間では源泉徴収は不要である。

ARTICLE * COMPENSATION
1. In consideration for the rights and licenses granted and the technical information provided by the Licensor to the Licensee under this Agreement, the Licensee shall pay to the Licensor;
   a) An initial payment of one million (1,000,000) US dollar, within thirty (30) days from the Effective Date of this Agreement, and
   b) A running royalty of three (3) percent of the Licensee's Net Selling Price of the Products used, sold, leased or otherwise disposed of by the Licensee during the term of this Agreement.

2. An annual running royalty to be paid under 1 (b) above shall in no manner be less than two hundred thousand (200,000) US dollars for each contract year during the term of this Agreement. In the event that the annual royalty amount paid by the Licensee for each contract year does not reach such minimum amount, the Licensee shall pay to the Licensor the difference of such amount.

3. The Licensee shall submit certified written statements of the Contract Products to the Licensor annually within thirty (30) days from the end of each contract year, specifying the quantities and net selling price of all the Contract Products used, sold, leased and otherwise disposed of under this Agreement during the applicable contract year and royalty due thereon.

4. All the payment made under this Agreement shall be remitted in U.S. dollars by telegraphic transfer to the designated bank account of the Licensor. In the event that income tax is levied on the Licensor by the government of (*Licensee country*) and paid by the Licensee as a withholding tax on account of the Licensor, the Licensee shall promptly send to the Licensor an official certificate of such tax payment.

4．改良技術とグラントバック

ライセンサーから許諾，供与された技術を使用してライセンシーが改良技術を発明した場合には，その権利（ノウハウとしての権利，特許出願権を含

む）はライセンシーに帰属させるのが普通である。これをライセンサーに譲渡させる扱いをアサインバックというが，これは独占禁止法上違法とされる可能性が高い[13]。実際によくとられる方法は，改良技術に関する権利をライセンシーに帰属させた上で，ライセンサーに対して実施許諾する義務を課すものであり，これはグラントバックと呼ばれる。グラントバックには有償・無償の別および排他的・非排他的の別があるが，無償の場合または排他的の場合には独占禁止法上のリスクを伴う。

ARTICLE * GRANT BACK
1. "Improvements" means improvements made in connection with any part or a combination of parts, the use of which affects the Licensed Patents in any one or more of the following ways, (1) reduces production costs, (2) improves performance, (3) increases service life, (4) broadens applicability, (5) increases marketability, or (6) improves appearance.
2. Licensee, as part of the consideration for the license hereby granted to Licensee, agrees to make available to Licensor, during the term of this Agreement, all Improvements in the Licensed Product made by Licensee and Licensee agrees that, during the term of this Agreement, Licensor shall have the non-exclusive right to make, use, sell or otherwise dispose of the products under the Improvements, whether patented or unpatented.

5．特　許　保　証

ライセンサーの提供した技術を使用してライセンシーが製造販売した製品が第三者の特許を侵害したとしてその第三者からクレームや訴訟が起こされた場合に，はたしてライセンサーが責任を負うべきなのかどうかという点が問題となる。これは第三者の特許を侵害していないという保証という意味で

---

13) 有償のアサインバックは適法となる場合もある。なお，日本の独占禁止法上のライセンス契約および後述の共同研究開発契約と独占禁止法との整合については，公正取引委員会の「知的財産の利用に関する独占禁止法上の指針」（平成 19 年 9 月 28 日，平成 22 年 1 月 1 日改定）および「共同研究開発に関する独占禁止法上の指針」（平成 5 年 4 月 20 日，平成 22 年 1 月 1 日改定）を参照されたい。

第三者特許保証と呼ばれる。ライセンシーの側からすれば有償で技術の提供を受けるのであるから保証は当然という見方が成り立つ。しかし，ライセンサーの側からすれば第三者特許への抵触に対しては製造販売によって利益をあげるライセンシーのリスクで対応すべきとの考え方が強い。特に侵害特許が該当範囲の広い基本特許であり，許諾技術も特にライセンサーのユニークな技術でなく一般的な技術である場合はライセンサーが責任を負わなければならない理由に乏しい。仮にライセンサーが責任を負うという合意をするとしても，ライセンサーの国の特許に限るとかライセンサーの負担する額に上限を設けるなどの責任限定を行うことが考えられる。また，ライセンシーがクレームや訴訟に関するすべての情報を迅速に提出しライセンサーに完全な防御の機会を与えることが大前提となる。いずれにせよ第三者特許保証はライセンス契約の交渉において大きなポイントとなるところである。

> **ARTICLE * THIRD PARTY PATENT INFRINGEMENT**
> Licensor makes no warranty that Contract Products manufactured, used, sold or otherwise disposed of by Licensee shall be free from infringement of patents, utility models, design rights or any other industrial property rights or applications therefor of Licensee or any third party. In the event that Licensor or Licensee is involved in such an infringement dispute or lawsuit, Licensor shall make its best efforts to assist and cooperate with Licensee in proceedings with and settling such a dispute, provided, however, that liability for the payment as a result of the settlement or lawsuit and all the costs and expenses incurred thereby shall be borne by Licensee.

第6節　商標ライセンス契約

　商標ライセンス契約は，ライセンシーが製造した製品にライセンサーの商標（ブランド）を付して販売することを許諾する契約である。商標は，長年にわたる商標保有者の企業努力，販売努力および少なからぬ金額の継続的投資によって当該地域におけるそのブランドによる付加価値すなわち高い顧客吸引力を獲得したものである。従って，第三者による商標の無断使用つまり

商標侵害は企業に甚大な損害をもたらすことになる。そのため，通常は商標の保全と第三者による侵害への対処が重要な課題であるが，一方で，必要に応じて適切な形で第三者にライセンスを行うことも重要なビジネス課題となってくる。一般に，商標ライセンスの許諾は，製造子会社または製造合弁会社に対して行うことが多いが，第三者企業に許諾するケースも考えられる。当該国におけるライセンサー・ブランドの製品の輸出販売がないか非常に少なく，かつ製造子会社も合弁会社も持たないような場合に戦略的にこのような第三者メーカーへの許諾が行われることがある。ライセンサーの立場からすれば，商標ライセンスにおいては自社ブランドの信頼性の確保が最も重要なポイントである。そのため，ライセンス契約においては，商標の使用の厳格な管理と品質の保持が最優先課題となってくる。相手がライセンサーの関連会社でない場合にはこれが特に重要であって，この点がクリアできない場合や技術ライセンス契約を結ばない場合には商標ライセンスをすべきではない。なお，ブランド管理の観点からは，100％子会社も含めてきちんと商標ライセンス契約を締結することが好ましい。また，100％子会社の場合にはブランド使用料（ブランド・フィー）を無償とすることが多いと思われるが，ブランド政策・ブランド管理の観点からこれを徴収している企業グループも見られる。

　一方で，商号ライセンス契約は，ライセンサーの子会社や合弁会社がその社名にライセンサーの社名を冠する場合にその許諾を認めるものである。ライセンシーがライセンサーの子会社である場合には省略されることが多いが，商号管理の観点からすれば商標の場合と同様に締結しておいた方がよかろう。また，ライセンシーが合弁会社であり両親会社の商号を冠した社名を使用している場合には，両方の親会社から同じ内容のライセンス契約が結ばれる。この場合には，合弁解消によって撤退する場合に親会社の商号を外すことが出来ないという深刻な事態を生むことがあり得る。言うまでもなく，商号変更は定款変更を伴うものであり，合弁会社では定款変更に必要な特別決議を確実に得るだけの持株比率を有していない場合が少なくないからである。このように会社法上のリスクを完全に取り除いておくのは難しいが，少なくとも撤退の時にきちんと商号を取り除くことができるような契約上の扱

いをしておくことが必要である。

1. ライセンスの許諾と使用形態

ライセンスの許諾に関しては，技術ライセンス契約とそれほど変わらず，特許や技術を明示するのが必要なのと同様に，対象商標を明示することが重要である。

使用形態としては，当該商標を付するもの（製品，パッケージ，カタログ，広告など）を特定し，さらにライセンシーにサンプルを提示させてライセンサーの承認を求めたり，その他，使用方法についてライセンサーの指示に従うこととする。

ARTICLE * LICENSE

1. Licensor hereby grants to Licensee, during the term of this Agreement, a non-exclusive license to use Trademark for the purpose of sale, distribution, display or other disposal of Products within Territory.

2. Materials upon which Trademark appears shall be limited to Products, packings, catalogues, leaflets, posters, signboards, newspapers, magazines, TV commercial pictures, PR cars and such other sales materials as agreed to by Licensor, which Licensee shall use in order to sell, distribute, display or otherwise dispose of Products within Territory.

ARTICLE * MANNER OF USE

When Licensee uses Trademark under the license granted pursuant to Article * hereof, it shall, prior to use, inform Licensor of the manner of such use and submit a sample of the materials bearing Trademark for inspection and approval by Licensor. When Licensee changes the approved manner of use, Licensee shall, prior to change, inform Licensor of such change and submit a sample of the materials bearing Trademark in such changed manner for inspection and approval by Licensor.

In any event, the manner of use of Trademark or change thereof shall be subject to Licensor's approval and Licensee shall not use Trademark in any other manner than that approved by Licensor in advance.

2．製品の品質管理

商標ライセンス契約を締結するためにはライセンシーの製造する製品の品質がライセンサーの商標を付するにふさわしいものでなければならないため，品質管理の条項の重要性は高い。ライセンシーによる製品の品質適合義務を述べた上で，ライセンサーが現実に品質検査を行い，満足がいかない場合には承認せず商品を改良させることとする。また，ライセンシーが製造法や部品などを変更した場合にはライセンシーに報告させることとし，さらに，ライセンサーにライセンシーの工場への立ち入り検査権を付与することが考えられる。

ARTICLE * QUALITY CONTROL

1. Licensee agrees that in using Trademark on Products manufactured by Licensee, Licensee will make Products conform strictly (a) to the quality standards then employed by Licensor in the manufacture of Products, (b) to all requirements under the laws, rules and other regulations for safety standards, if any, in Territory and (c) to Technical Information provided by Licensor. Licensee shall, prior to Commercial Production of Products bearing Trademark, send Licensor *three* sample sets of each model of Products bearing Trademark for inspection to be conducted by Licensor in order that Licensor can verify that such Products conform to its standards of quality and, all requirements under the laws, rules and other regulations for safety standards, and Technical Information.
2. In case it is judged by Licensor that Products bearing Trademark manufactured by Licensee fail to conform to the quality standards of Licensor, to any requirements under laws, rules or other regulations for safety standards, if any, in Territory, or to Technical Information provided by Licensor, Licensor shall so notify Licensee and in such case Licensee shall modify or improve such nonconforming Products and submit to Licensor a reasonable number of sample sets of the modified or improved version of Products bearing Trademark for inspection and approval by Licensor.
3. In case Licensee changes parts or components incorporated in Products bearing Trademark, Licensee shall, prior to such change, so notify Licensor and submit *three* samples of such parts or components for inspection and

approval by Licensor. Without Licensor's prior approval, Licensee shall not change parts or components incorporated in Products bearing Trademark.
4. Licensor may, at its own discretion and at any time during the term of this Agreement, make inspection at Licensee's facilities of the manufacturing process of Products bearing Trademark, test procedures taken in certain points of such manufacturing process, acceptance test procedures for parts and components procured, and other matters deemed by Licensor to be necessary to achieve the purpose of such inspection.

3．ライセンシーの義務

ライセンシーの義務としては，商標の使用態様を遵守すること，製品の品質をライセンサーの要求に合致させること，有償の場合には商標使用料（ブランドフィー）を支払うことが中心であるが，その他には上述の販売店契約の③で示したように販売した製品のアフターサービス義務をきちんと行う義務や，ライセンサーに無断で当該商標，類似商標，結合商標などの登録をしてはならないという不作為義務などが求められる。

ARTICLE * LICENSEE'S OBLIGATION
1. Licensee shall not, directly or indirectly by itself or through any one or more of its subsidiaries or associate companies and in whole or in part, apply for registration of Trademark or any other trademark similar thereto with respect to Products or any other materials in any country of the world. Licensee shall not directly or indirectly apply for registration of any trade name including the word showing Licensor or its translation into any language.
（当該商標，類似商標の登録禁止，当該商標を使った商号の登録禁止．）
2. If it is deemed by Licensor that a trademark, trade name, emblem or symbols used or to be used by Licensee is similar to Trademark, Licensee shall promptly stop using it or change it in accordance with Licensor's instruction.
（類似商標，それを使った商号の使用禁止．）
3. Licensee shall not directly or indirectly use or apply for registration of Trademark in whole or in part in conjunction with other trademarks, em-

> blems, symbols, marks, words and letters etc., without prior written consent of Licensor.
> （当該商標と他のマークとの結合商標の使用・登録の禁止）

4．契約終了後の措置

期間満了または満了前終了などいずれの理由によって契約が終了したにせよ，当該商標を付した製品が販売されていたり在庫されていたりするわけであって，これらをどのように措置するかを取り決めておくのが普通である。

> **ARTICLE * OBLIGATIONS AFTER TERMINATION**
> 1. Upon and after termination of this Agreement for any reason, Licensee shall not use Trademark, any mark confusingly similar thereto and any mark used in conjunction with Trademark based upon Licensor's consent.
> 2-1. Upon and after termination of this Agreement, Licensee shall eliminate Trademark from all the materials as described in ＿＿＿＿ hereof in Licensee's possession or control, or scrap such materials. If the parties hereto agree that Licensee sells or assigns to Licensor or its nominee Products bearing Trademark, Licensee shall deliver Products without eliminating Trademark.
> （在庫の処分が許されない場合）
> 2-2. Even after termination of this Agreement for any reason, Licensee is allowed to sell, market, lease or otherwise dispose of the Products bearing Trademark then in stock or inventory at Licensee's premises together with distribution of any sales materials. Licensee shall promptly submit to Licensor detailed report of such continuing sale or other disposition of the Products bearing Trademark. Licensee is strictly prohibited from continuing manufacture of the Products bearing Trademark.
> （在庫の処分が許される場合）

第7節　共同研究開発契約

　大規模な研究開発を行う場合，またそうでなくても研究開発に使える資金が限られている場合には，複数企業間で共同で研究開発が行われることが多い。共同研究開発としては，異業種であるが垂直な関係にある企業同士（完成品メーカーと部品メーカー，製品メーカーと製造装置メーカー，ユーザーメーカーと素材メーカーなど）が行うものと，同業種の競争者間で行われる水平的なものとが考えられる。共同研究開発は資金やコストを節約するために行う場合が多いが，複数の企業がそれぞれの強みを最大限に生かして協力するという要素もある。共同研究開発のプロセスと主要な内容として決定しなければならないのは，目的・対象・分野の特定に始まり，作業の実施と運営管理，開発業務と費用分担の方法，成果の評価とその帰属と利用方法などである。

1．研究開発作業の運営管理

　研究開発を円滑にまた効率よく進めるために両当事者の代表からなる運営委員会や技術委員会を設けることが多い。また主担当者，プロジェクトマネージャーまたはコーディネーターをおいて進捗状況を逐次フォローしていくこともあるし，委員会方式と担当者方式が併用されることもある。

> **ARTICLE * MANAGEMENT**
> （1案）　To ensure a continuous evolution of competitive products and efficient research and development work hereunder, both parties agree to establish the Joint Research and Development Committee ("JRDC") consisting of 6 qualified representatives, 3 of which appointed by XX and 3 appointed by YY. JRDC shall have the responsibility for (1) determining programs……, (2) reviewing the work planned……, (3) discussing the evaluations of both parties' work……, (4) authorizing the participation in each program of either party, by personnel of the other party, (5) resolving the differences between the parties.

(2案)　Each party shall designate its own Management Coordinator, Project Manager and Technical Coordinator as defined in Article X. The Management Coordinators shall be responsible for overall interests and performance of the Development Project. The Management Coordinators shall jointly review the overall progress of the Development Projects on a regular basis, and shall be responsible for approving changes of key milestone and schedules of the development works to be performed and of any payments due hereunder. The Project Managers shall be responsible for the performance of the Development Projects and any adjustments in various development works to be performed in accordance with the agreement made between the Management Coordinators. The Technical Coordinator shall supervise, monitor and keep records for exchanges and transfers of information, documents and other materials.

2．研究開発業務と費用分担の方法

研究開発業務の分担のやり方に関しては，原則として両当事者が分担して作業を行う場合や原則として共同作業をしながらある部分を分担する場合など様々なバリエーションが考えられる。また，費用負担に関しても，各当事者が自分の分担部分の費用を負担するやり方や全体の費用を一定の比率で分担する方法などが使われている。

ARTICLE * EXPENSES (or COMPENSATION)
(1案)　All the expenses arising from or in connection with activities of each party performed under this Agreement shall be borne by each party, provided, however, that JDRC may adjust the expenses between the parties in case JDRC considers allocation of expenses unreasonably unfair.

(2案)　The research and development costs incurred during the Development Projects, which is estimated to be approximately US$ XX in total, shall be equally borne by the parties.

3．共同研究開発成果の帰属

研究開発の成果の評価は上述の担当者や委員会によって行われることにな

る。評価の結果を受けて成果の帰属が決定されるが,成果の帰属は共同研究開発において最も重要な取り決めとなってくる。帰属を決定するにあたってまず必要なのは,共同研究開発のために各当事者から持ち寄られる特許や技術(もともと各当事者所有のもの)と共同研究開発によって生み出された特許や技術を区別しておくことである。実務上の区別も重要であるが,契約上はもともと各当事者所有のものを Background Patent や Background Technology として明確にしておく。次に,共同研究開発によって生み出されたものも,各当事者が別々に(それぞれ独自に)開発したものと共同作業によって開発されたものとに峻別される。前者は開発した当事者の所有,後者は共有とするのが通常と思われるが,実際には単独開発と共同開発を明確に区別するのは難しいこともある。何らかの基準を設けておくことが必要であるが,明確でない場合は共有となろう。また,共有の場合も持ち分比率を 50/50 としない場合には細かい取り決めが必要となる。

ARTICLE * OWNERSHIP

1. The Background Patent and the Background Technology contributed to the Development Projects by each party shall remain the sole property of such party.
2. All titles, interests in and rights to the inventions made in the course of the Development Work hereunder solely by either party and any patents issued thereon shall be owned by such party.
3. All titles, interests in and rights to the inventions made in the course of the Development Work hereunder jointly by both parties and any patents issued thereon shall be owned jointly by both parties, with each party having an undivided one half interest in such inventions or patents.
4. Each party has the right to file any patent application with respect to any inventions owned by such party pursuant to paragraph 2. above, and in such event shall promptly give notice to the other party.
5. Prior to filing any patent application with respect to any jointly owned inventions pursuant to paragraph 3. above, both parties shall discuss and agree on which of them is to file and prosecute such application and in which countries corresponding applications shall be filed and by whom. With respect to any jointly owned inventions, where one party elects not to seek or maintain such protection thereon in any particular country, the

> other party shall have the right to seek or maintain such protection in said country and shall have full control over the prosecution and maintenance thereof.

4. 共同研究開発成果の利用

　研究開発成果の利用としては，一方当事者による単独の事業化，両当事者によるそれぞれの事業化，共同事業化，第三者へのライセンスなどが考えられる。成果の利用は成果の帰属と密接に関連するが，必ずしも一致するものではない。一致しない場合には両当事者間でのライセンスが必要となってくる。両当事者間のライセンスにおいてはロイヤルティーの発生する場合と無償の場合とが考えられる。また，当事者が自ら事業化するか否かにかかわらず，第三者へのライセンスに際してのルールも決めておくことが必要である。特に共有の場合に，一方当事者の判断のみでライセンスできるのか，常に両当事者の合意によらなければならないのか，後者ではあるがその合意を不合理に拒否することはできないのかは重要なところである[14]。

> **ARTICLE * USE AND LICENSE**
> 1. Each party has the right to use any inventions made in the course of the Development Work hereunder jointly by both parties and any patents issued thereon to manufacture, use and sale of the products in any country, without any payment to the other party.
> 2. Each party agrees to grant to the other party a license to use any inventions made in the course of the Development Work hereunder solely by the former party and any patents issued thereon for manufacture, use and sale of the products in any country, with a rate of royalty favorable to the latter party.
> 3. Each party may grant a license to any third party to use any inventions made in the course of the Development Work hereunder jointly by both par-

---

14) 日本の特許法においては，73条3項で，共有特許の第三者へのライセンスには他の共有者の同意が必要とされている。

ties and any patents issued thereon for manufacture, use and sale of the products in any country, subject to prior written consent of the other party, which consent shall not be unreasonably withheld.

第8節　合弁契約（株主間契約）

　ある事業を行っていくのに単独では資金が賄えない場合とか技術・経営ノウハウ・人脈や顧客・生産施設・知的財産などを持ち寄って共同で事業を行った方が効率が良い場合などに，複数当事者が共同出資で設立する会社が合弁会社であり，合弁会社の設立と運営のための契約が合弁契約（株主間契約）である。合弁契約は，その設立，資本，出資比率，取締役や役員の構成，意思決定メカニズム，合弁会社と一方当事者の取引，株式譲渡制限，資金調達，競合禁止，デッドロック，合弁の終了といった極めて広範な内容を含んだ契約となっている。

1．合弁会社の設立と出資比率

　設立準拠法，会社形態，社名，本店所在地，事業目的，資本金，出資比率などが記載される。出資比率は合弁事業に関する合意の中で最も重要な基本となるものである。50/50の折半出資の場合と一方が多数派となる場合が考えられる。払い込みは現金が原則であるが，知的財産権・不動産・製造設備・営業権などの現物出資も考えられる。

ARTICLE * FORMATION
1. The parties will cause to be organized under the laws of Japan a joint stock company ("Company"), whose Articles of Incorporation is attached hereto as Exhibit．The name of the Company shall be AA-BB Company and the principal place of business of the Company shall be located in Tokyo.
2. The business purpose of the Company shall be to engage in the manufacture, assembly and marketing of the Products as defined in Article X and such other products as the parties in the future may agree, as well as such

further purposes as both parties and/or Board of Directors determine.

ARTICLE * CAPITAL
The initial capital of the Company shall be an amount of one billion (1,000,000,000) yen in total. The contribution of AA shall consist of allowances in cash of 60% and contribution of BB shall consist of allowances in cash of 40%. At the time of establishment of the Company, AA shall subscribe and pay in cash 12,000 shares of common stock and BB shall subscribe and pay in cash 8,000 shares of common stock, each at the subscription price of 50,000 yen per share.

2．経営と取締役会

取締役の人数は通常は出資比率によって両当事者に割り振られる。合弁契約の規定を会社法で確認・補強するためには，種類株式（クラス株式）を利用して各当事者に割り当てられた各種類株式によって選出できる取締役の人数を指定しておくとよい。ただ，各国の会社法によっては種類株式が使えない場合もあるので注意が必要である。

ARTICLE * BOARD OF DIRECTORS
The management of the business and affairs of the Company shall be under the control and direction of its Board of Directors. Board of Directors shall consist of five (5) persons, three (3) of whom is nominated AA and two (2) of who is nominated by BB. The parties shall vote their respective shares in favor of the other party's nominees in order to ensure that such nominees be elected.

[種類株式を使う場合]
The management of the business and affairs of the Company shall be under the control and direction of its Board of Directors. Board of Directors shall consist of five (5) persons, three (3) of whom is elected by Class A common Stock and two (2) of whom is elected by Class B common stock.

3．決議と少数株主保護

合弁会社の重要事項は株主総会と取締役会で決定されるが，その議決は会社法に従えば株主総会の特別決議事項を除き通常は過半数で行われる。しかしこれでは多数株主がすべてを決定することになり少数株主の意向が反映できなくなるため，50/50 の合弁以外の場合には，いくつかの重要な事項を指定して株主総会および取締役会のそれぞれにおいて，これらの事項については両当事者の賛成がなければ議決できないとするのが普通である。これがマイノリティー・プロテクションと呼ばれる条項である。

ARTICLE * SUPERMAJORITY VOTING REQUIREMENTS
1. (1 案：全会一致) Any of the following matters shall be adopted only upon the unanimous affirmative vote of the total directors then in office.
(2 案：決議要件加重) Any of the following matters shall be adopted only upon the affirmative vote of at least eighty percent (80%) of the total directors then in office.
(3 案：各当事者指名取締役 1 名の賛成) Any of the following matters shall be adopted upon the affirmative vote of at least a majority of the total directors then in office, with affirmative vote of at least one director nominated by AA and one director nominated by BB.

(a) The merger or consolidation of the Company,
(b) Sale, lease, transfer or other disposition of all or a material portion of the property or assets of the Company,
(c) The cessation of the business or making of any material change of the nature of the business of the Company,
(d) Establishment, or any material amendment to, the annual operating budget and business plan,
(e) Call for any additional capital contributions of the parties or issuance of new shares of the Company,
(f) Formation of a subsidiary by the Company,
(g) If the amount involved is greater than US$ 500,000, the creation, acquisition, purchase, sale, transfer, disposition, conclusion or assumption by the Company of (i) any indebtedness, (ii) any guarantee for the payment of any indebtedness or the performance of any obligation of any third party, (iii) any single item of property, right, or license, (iv) any

lien, encumbrance, or security interest with respect to any of the Company's property or (v) any capital stock or voting power of another business entity.
(h) Any contract to which the Company would become a party or would become bound, which is outside the ordinary course of business,
(i) Entry into, alteration of any contract between the Company and either party, other than in the ordinary course of business and other than at arm's length,
(j) Any change in the Company's certified public accountant,
(k) Commencement of legal actions by the Company against third persons or entities other than for collection.

4．社長の指名と部門責任者の割り振り

　社長の指名権は多数派が持つのが普通であるが，50/50の場合は調整を要する。国際合弁の場合には合弁会社所在地の当事者の方から出すことが多いと思われる。社長を出さなかった当事者に会長または副社長を割り当ててバランスをとることが多い。また，その他にも，社長の下に経営委員会を設置したり，各担当部門の責任者をいずれかの当事者に割り振ったりすることもよく行われている。

ARTICLE * PRESIDENT
　　President and Chief Executive Officer shall be nominated by AA. Vice president shall be nominated by BB.

ARTICLE * MANAGEMENT EXECUTIVE COMMITTEE
　　The Board of Directors may establish a management executive committees consisting of all or some of the senior management personnel and other personnel of the Company appointed by the Board. The management executive committee shall, upon request of the president, submit to the president its proposals or recommendations with regard to day-to-day management of the business and affairs of the Company.

ARTICLE * KEY PERSONNEL
　　The Company shall adopt a management system under which certain desig-

nated managers shall report to the Board. The key management personnel (head of each department) shall be nominated by a party indicated below;

Personnel & General Affairs:	BB
Accounting & Finance:	AA
Production and Engineering:	AA
Technology:	AA
Sales & Marketing:	BB

5. 資金調達

合弁会社の資金調達としては増資や親会社からの貸付の場合を除いては第三者からの借入が主体となるが、その時必要となる親会社の保証については両当事者の合意にもとづいて行うことが重要であり、その比率は出資比率に応じて分担するのが原則である。

ARTICLE * FUNDING
Except otherwise provided herein, the Company shall raise the funds necessary to carry out its business. In the event that the Company is unable to raise funds on its own responsibility and both parties agree to finance such funds, the parties will make loans to the Company or make guarantee for the borrowing by the Company from third party. Such loan or guarantee shall, unless otherwise agreed upon, be made in proportion to their then existing shareholding ratio in the Company.

6. 株式譲渡制限

合弁会社は当事者同士のビジネス上のパートナーシップとしての認識およびそれに基づく強い信頼関係によって成り立っているわけであり、よほどのことがなければ株式を第三者に譲渡することはあり得ない。従って、合弁契約には必ず株式譲渡制限の規定が入ることになるが、一方当事者が第三者に譲渡したい場合には同一条件でまず相手方当事者にオファーしなければなら

ないとする先買権 (first refusal right) の形で規定されることが最も多い。なお，各当事者の子会社への譲渡は譲渡制限の例外とすることもある。

ARTICLE * TRANSFER RESTRICTIONS

1. Neither party shall sell, transfer, pledge, encumber, assign, or otherwise dispose of any of the equity capital of the Company except in compliance with the following procedures;

    (a) If at any time either party ("Offeror") desires to sell, transfer, assign, or otherwise dispose of any or all of the shares of the Company it owns ("Shares") to a bona fide third party purchaser ("Proposed Purchaser"), the Offeror shall first make an offer in writing ("Offer") to the other party ("Offeree") to sell all (but not part) of the Shares to the Offeree at a price and under terms and conditions no less favorable to the Offeree than those offered by the Proposed Purchaser.

    (b) Within sixty (60) days from receipt of the Offer by the Offeree, the Offeree may give notice that it wishes to purchase the Shares at the price proposed in the Offer or at a Fair Market Price as defined herein, whichever lower. In the event that no acceptance is received from the Offeree within sixty (60) days period, the Offer shall be deemed to have been refused and the Offeror may sell all but not less than all its Shares to the Proposed Purchaser on terms no more favorable to the Proposed Purchaser than those provided in the notice to the Offeree.

2. Anything in this Agreement to the contrary notwithstanding, either party may transfer any or all of its Shares to Subsidiary or Affiliate (as defined) of such party, but only if the transferee agrees in writing to be bound by this Agreement.

7．競業避止義務

両当事者の当該製品に関する経営資源を合弁会社に集中して効率良い経営を目指すのが合弁会社の目的であるから，両当事者による当該製品分野での事業の継続または再参入は合弁会社にとって不利益となる。従って，何らかの競合禁止または制限規定を入れることが多い。

ARTICLE * NON-COMPETITION COVENANT
Neither party shall, for a period of ten (10) years from the date of the commencement of the Commercial Production, engage directly or indirectly in the manufacture, sale or marketing of any products similar to and competitive with the Products.

8．デッドロック（deadlock）

合弁会社は両当事者およびそこから派遣された経営者によって経営されていくわけであるが，経営方針または個々の経営判断に関して両親会社の意見が対立して意思決定ができない事態が発生することがある（デッドロック）。50/50の合弁に限らず少数株主保護の規定がある場合はすべてデッドロックの発生の可能性がある。デッドロックは両親会社のトップが直接話し合って解決を図るが，それでも解決できず，またデッドロックによって意思決定できない内容が合弁会社の存続や発展にとって致命的である場合には，合弁の解消とならざるを得ない。解消の方法としては両当事者間での株式の売買によって一方当事者が経営を引き継いでいく場合と会社を解散する場合が考えられる。なお，デッドロックは経営判断の対立であり，言うなれば共同ビジネスの行き詰まりであるため，法律的契約的に特効薬のような解決法があるわけではない。従って，契約としては独立したデッドロックの条項は設けないで後述の合弁解消の一事象としてのみ規定する場合もあろう。

ARTICLE * DEADLOCK
1. In the event that a matter submitted to the shareholders or to the Board of Directors pursuant to Article X (Supermajority Voting Requirements) fails to obtain the necessary affirmative vote, the matter shall be considered as "Deadlock" and immediately referred to the appropriate high rank executives of both parties.

2. In the event that such high rank executives are unable to resolve the matter within thirty (30) days from the date of the vote in question ("Such 30 days"), either party may, within twenty (20) days after expiration of Such

30 days ("Such 20 days"), propose in writing to the other party to sell its Shares to such other party at the Fair Market Value, or to purchase the Shares held by such other party at the Fair Market Value, at such other party's option. If, within sixty (60) days from the date of receipt of such proposal, such other party does not accept either to sell or purchase pursuant to such proposal, or no proposal has been made by either party within Such 20 days, then, either party shall be entitled to request, and both parties shall cause to be promptly effected, the dissolution of the Company. For the purpose of this Article, "Fair Market Value" shall be computed by the Company's certified public accountants and shall be equal to the value of the current net assets as adjusted by the profitability value of the Company.

9．合弁の解消と契約の終了

　合弁の解消と合弁契約の終了の事由としては，合弁会社に関するものと合弁当事者に関するものが考えられる。前者としては，目的とする事業の終了，事業目標の不達成と事業の破綻，デッドロックなどがあげられる。一方で，後者としては，一方当事者の重大な契約違反，破産，支配関係の変更（change of control と呼ばれ，買収，合併，その他大株主の変更などの場合）などが考えられる。後者はいわゆる event of default であり，それが発生した当事者に原因があるため，相手方当事者に株式売買の選択権（破産の場合に売りつけはあり得ないが）や一方的な解散請求権を与えるなどして有利な扱いをすることになる。なお，change of control に関しては別の条項として規定されることも少なくない。それに対して，前者の場合は，デッドロックのときに前述のように両当事者に株式売買選択権が与えられるなど平等に扱われるほかは，原則として合弁会社の解散となる。合弁の解消と契約の終了の条項は Exit 条項と言われるが，様々なケースが考えられるので全ての可能性を想定して書くとかなりのボリュームとなってくる。一般にアメリカ人弁護士のドラフトは膨大なものとなることが多い。苦労して作成したわりにはあまり使われることの少ない条項であるが（むしろ使われない方が幸せであるが），ひとたび問題が発生した場合には契約条項が重要な意味を持ってくる

こともある。一般的に全ての契約条項はリスクヘッジの意味を持つが，合弁の解消と契約の終了の条項は特に万が一の事態を想定してのリスクヘッジであると言えよう。

ARTICLE * EVENT OF DEFAULT

1. For the purpose of this Article, "Event of Default" shall mean the occurrence of any of the following events;
    (a) either party commits a material breach of its obligations under this Agreement or any of the Related Agreements and, in case of a breach capable of remedy, fails to remedy the same or fails to take positive steps to remedy the same within ninety (90) days from being specifically required in writing to do so by the other party; or
    (b) either party becomes insolvent or bankrupt, or makes an assignment for the benefit of creditors, or for either party a receiver or trustee for the business or properties is appointed; or
    (c) either party shall undergo a change in ownership or control, which has or will have a substantial adverse impact upon the business of the Company, which include the situations of (i) a party is merged or consolidated with another corporation or entity, (ii) all or substantially all of a party's assets are transferred to another person or entity, or (iii) the beneficial ownership of more than 50% of the outstanding capital stock of a party shall be acquired by another person or group.

2. In the event that any of the Event of Default as defined above occurs to either party ("Defaulting Party"), the other party ("Non-Defaulting Party) shall have the options (i) to purchase all but not part of the Shares held by the Defaulting Party, (ii) to require the Defaulting Party to purchase all but not part of the Shares held by the Non-Defaulting Party, or (iii) to request, and both parties shall cause to be promptly effected, the dissolution of the Company.

3. Such options shall be exercisable upon written notice by the Non-Defaulting Party within ninety (90) days after receipt by the Non-Defaulting Party of notification from the Defaulting Company of the relevant event or recognition by the Non-Defaulting Party of such event through other means.

> 4. In the event of an election by the Non-Defaulting Party of either of the options of (i) or (ii) set forth in paragraph 2. above, purchase price shall be the Fair Market Value as defined.

第9節　企業買収契約

　M&A の中でも企業買収はもっとも典型的でダイナミックな取引である。企業買収には友好的買収と敵対的買収とがあるが，後者は言うまでもなく買収者が被買収企業の経営陣と対立するわけであるので，契約書が交渉され作成されるのは前者の場合である。また，買収形態として株式買収と資産買収（営業譲渡）が考えられるが，前者はオーナーチェンジであるため中身がそっくり譲渡されることになりシンプルである。ただ，隠された負債，責任，問題点なども継承されることになるため買主にとってはデュー・デリジェンス（due diligence，精査，ときに「デュー・デリ」とも呼ばれる）と契約書の保証条項でリスクの軽減を図ることが重要となってくる。後者は個別資産の譲渡となるため，譲渡される資産と継承される債務の選定の交渉および資産，許認可，契約，従業員などの継承の手続が面倒となってくる。ただ，M&Aの概念でとらえられる資産譲渡は単なる一部譲渡ではなくて，売主のすべての営業の譲渡またはある部門全体の譲渡となる。すべての営業の譲渡の場合は抜け殻となった売主は解散することになる。

　企業買収の全体の流れとしては，まず売買自体の合意に加えて売買形態の合意，大まかな売買価格の合意を経たのちにレター・オブ・インテントが締結される。そのあとで買主による売主の事業についての様々な観点からのデュー・デリジェンスが行われ，その結果を踏まえていよいよ売買契約書（definitive agreement）が締結されることになる。それからクロージングに向けて条件の成就の努力が行われてから，無事にクロージングをむかえると実際の譲渡と代金の支払が行われて取引が完了することになるのである。ここでは株式譲渡契約を中心に説明していきたい。

1. 売買の約定と売買価格

株式売買の場合は記載はシンプルであるが，資産譲渡の場合は譲渡する資産と譲渡しない資産，継承する債務と継承しない債務の仕分けが難しい。

売買価格については算定のベースが書かれることもあるが，合意された価格のみを記載することも多い。支払方法はクロージングで一括が原則であるが，分割払いにしたり，買主のリスク保全のために一部を留保して一定期間経過後に支払うこともある。

ARTICLE * SALE AND PURCHASE

［株式譲渡の場合］ At the Closing, on the terms and subject to the conditions contained in this Agreement, the Seller shall sell and the Purchaser shall purchase any and all rights and interests the Seller has in the Acquired Stock.

［資産譲渡の場合］ At the Closing, on the terms and subject to the conditions contained in this Agreement, the Seller shall sell, assign, transfer and deliver and the Purchaser shall purchase and accept the assignment, transfer and delivery of any and all rights and interests the Seller has in the Transferred Assets. At the Closing, on the terms and subject to the conditions contained in this Agreement, the Seller shall assign and the Purchaser shall assume the Assumed Liabilities and no others. It is confirmed that the Purchaser shall not assume any loss, liability, damage, claim, cost or expense arising in relation to the Excluded Liabilities.

ARTICLE * PURCHASE PRICE AND PAYMENT

The aggregate purchase price payable by the Purchaser to the Seller in consideration for the sale of the Acquired Stock shall be Fifty Million US dollars (US$50,000,000). The purchase price shall be paid by the Purchaser to the Seller in US dollar on the Closing Date.

2. 表明と保証

売買対象の企業やその個別資産については買主はデュー・デリジェンスを

十分かつ慎重に行うことによってかなりその内容と詳細を明らかにすることができるが，それでも完全に把握するのは不可能であり隠れた瑕疵や債務があることも少なくない。そのため財務，営業，技術，法務，労務，環境などのあらゆる分野において企業やその資産，負債の現況について売主の表明と保証（representation and warranty）を求めることになる。表明と保証は形としては買主も行うが，売主の表明と保証の方がはるかに重要である。

ARTICLE * REPRESENTATION AND WARRANTY
1. Representation and Warranty
  As of the date hereof and as of the Closing Date, the Seller represents and warrants to the Purchaser as follows;

  (a) Incorporation and Valid Legal Existence（法人格）
  The Seller and the Company (the company, stock of which is to be transferred from the Seller to the Purchaser) is respectively a corporation duly organized and validly existing under the laws of Japan.
  (b) Validity and Enforceability of this Agreement（本契約の有効性）
  This Agreement has been duly and validly executed and delivered by the Seller and constitutes the valid and legally binding obligation of the Seller.
  (c) Valid Ownership of Stocks and Assets（譲渡株式への有効な所有権）
  The Seller is a legal and beneficial owner of the Acquired Stock free and clear of any and all liens, charges, or other encumbrances. The Company owns the assets as are recorded in the Books and Records, free and clear of any liens not reflected in such Books and Records.
  (d) Intangible and Tangible Assets（有形資産・無形資産のリスト）
  Exhibit P contains a complete list, as of the date hereof, of the Marks. Exhibit Q contains a complete and accurate list of, as of the date hereof, of all items of Computer Software. Exhibit R contains a complete and accurate list, as of the date hereof, of each Intangible Asset which is individually or with similar assets material to the operation of the Company Business.
  Exhibit S contains a complete and accurate list, as of the date hereof, of each Tangible Asset which is individually or with similar assets material to the operation of the Company Business or which had a book value as of ……… Each Tangible Asset is in good operating condition, fully conforms

to the requirement for use.
(e) Material Contracts (重要な契約のリスト)
Exhibit T contains a complete and accurate list, as of the date hereof, of all contracts and other agreements which are material to the Company Business. The Company has satisfied in full all of its obligations under the Material Contracts to which it is a party, and is not in material default under any of them.
(f) Employees (従業員のリスト)
Exhibit U contains a complete and accurate list, as of the date hereof, of the names, position, age, length of employment, current salaries, policy regarding vacation entitlement and other employee benefit policies of all persons employed by the Company in connection with the Company Business.
(g) Employment Contract and Work Rules (労働契約・就業規則のリスト)
Exhibit V contains a complete and accurate list, as of the date hereof, of the rules related to the terms and conditions of employment including the rules of employment at the Company as of the Closing Date.
(h) Compliance with Laws (法令の遵守)
Each of the Seller and the Company, in connection with the Company Business, is not in violation of any law, regulation, administrative guidance, or any other legally binding requirement of any governmental body or court.
(i) Financial Statements (財務諸表)
The Seller has delivered to the Purchaser complete and accurate copies of balance sheet, profit & loss statement and other related financial statements as of March 31 in each years from 2009 to 2011 ("Financial Statements"). The Financial Statements fairly represent the financial conditions and results of operations of the Company as of the dates and for the fiscal periods to which such statements apply in accordance with generally accepted accounting principles consistently applied throughout the periods.
(j) Liabilities (簿外債務・隠された責任のないこと)
The Company has, as of the Closing Date, no obligations, commitments or liabilities, liquidated or unliquidated, contingent or otherwise, whether for tax or otherwise, related to the Company Business which are not shown or provided for, but should have been shown or provided for in accordance

with the generally accepted accounting principles in the financial statements of the Company.
(k) Taxes（税金の未払いのないこと）
All necessary taxes and other returns and reports respecting taxes required to be filed prior to the Closing Date by the Company have been properly filed with the appropriate authorities and each such return and report was complete and correct at the time of filing. All taxes assessed or due by the Company on or before the Closing Date, have been fully paid.
(l) Full Disclosure（書類開示が正しく行われていること）
None of the written information or documents which have been furnished by the Seller or the Company in connection with the transactions contemplated by the Agreement is materially false or misleading or contains any misstatement of fact or omits any fact necessary to be stated in order to make the statements therein not materially misleading.
(m) Environmental Matters（環境問題の開示）
Except as set forth in Exhibit W, the Company has been and on the Closing Date shall be in substantial compliance with all environmental laws applicable to the conduct of the Company Business, including the possession by the Company of all permits and other governmental authorizations necessary required under applicable environmental laws, and the compliance with the terms and conditions thereof.
(n) No Litigation（訴訟リスト）
There is no litigation, arbitrations, legal or other proceedings or governmental investigations pending against the Seller, as a shareholder of the Company, or the Company, or filed by the Seller, as a shareholder of the Company, or the Company except for as set forth in Exhibit X.

3．表明と保証（デュー・デリジェンスとの関係，保証期間）

買主の保護としては，デュー・デリジェンスと表明・保証条項があるが，デュー・デリジェンスをきちんと行ってもすべての問題点を発見できるとは限らない。従って，買主の意図的または重過失による見落としの場合を除いて，デュー・デリジェンスを行ったことが表明と保証の効力を失わしめることにはならないという条項を設けるのが普通である。また，保証の期間とし

ては6ヶ月，1年，2年などが使われるが，環境や税務など一定のものについてはより長い期間を使うことがある。また，売主のリスクヘッジとしては，売主の知る限りにおいてという意味で to the best knowledge of the Seller という文言を入れたり，賠償金額に上限を設けたりすることが考えられる。なお，表明と保証は形としては売主，買主の双方からなされるが，実質的には売主の表明・保証の方が格段に重要であることは言うまでもない。

ARTICLE ＊ REPRESENTATION AND WARRANTY （続き）
2. Effect of Due Diligence Review
No due diligence review conducted by any of the parties shall affect in any manner whatsoever the validity or effect of the representations and warranties contained herein or made pursuant hereto or of indemnifications or remedies related thereto.
Notwithstanding the foregoing, if it is shown that a party has willfully ignored any information obtained during such review, which information such party knew to be materially adverse, or grossly negligent in failing to determine that it was materially adverse, to the Company business, such party shall be deemed to have waived any claim with respect to the breach of any relevant representation and warranty to the extent arising directly out of or related directly to such ignored information.

3. Survival of Representations and Warranties
The Purchaser and the Seller shall have the right to rely fully upon the representations and warranties of the other party contained in or made pursuant to this Agreement. Except as otherwise provided in this Article, all such representations and warranties shall survive the Closing for a period of twelve (12) months after the Closing Date.
The representations and warranties of the Seller or the Purchaser, as the case may be, which are (i) contained in paragraphs of ＿＿＿＿, or (ii) intentionally false or inaccurate shall survive the Closing Date and shall continue at all times thereafter for a period of five (5) years.

4．クロージングまでになすべきこと

　一般に契約書が締結された時点ではもうデュー・デリジェンスは完了しているが，まだクロージングまでには買収対象企業および（それを株主として支配する）売主にはいくつかの作為，不作為の義務が残っている。買収対象の会社が通常の業務範囲内で事業を継続すること（作為），通常の業務範囲を超えた事業，契約，借入，投資などをしないこと（不作為）などである。

ARTICLE ＊ ACTIONS TO OCCUR PRIOR TO CLOSING

1. During the period from the date hereof to the Closing, the Seller shall cause the Company to conduct the Company Business and operations only in the ordinary course of business and keep its records and accounting books in accordance with generally accepted accounting principles consistently applied to the Company Business.

2. During the period from the date hereof to the Closing, the Seller undertakes to secure with respect to the Company Business;
   (a) that no contract or commitment shall be entered into, amended, terminated or modified by the Company except for those to be entered into in the ordinary course of its business; and
   (b) that the Company shall not borrow any additional funds other than as required in the ordinary course of business or provided any guarantee or incur or assume any contingent liability;

5．クロージングの条件

　各当事者は契約を締結しても，クロージング期日までに一定の条件が整わなければクロージングを行わない権利，つまり売買取引から離脱する権利を有している。この条件としては，取締役会の承認，政府の許認可，独占禁止法のクリアランスなどの法的必要条件のほかに，表明と保証が正しいこと（クロージングまでにそれが不正確でないことが発覚していないこと），両当事者がクロージングまでの義務を果たしていること，財務上の大きな悪い方向への変化がないこと，関連契約がある場合にはそれが締結または締結の準

備がされていることなどがあげられる（以下の例は買主のクロージング条件であるが，同じく売主のクロージング条件も設定されることになる）。

ARTICLE * CONDITION PRECEDENT TO THE PURCHASER'S OBLIGATION

The obligation of the Purchaser to consummate the transactions contemplated hereby is subject to the satisfaction of each of the following conditions;

1. Accurate Representations and Warranties
   All representations and warranties of the Seller contained herein shall be true as of the Closing Date as if such representations and warranties were made as of the Closing, and the Purchaser shall have received a certificate signed by the Seller's appropriate executive officer in charge of the Company Business to such effect.

2. No Material Adverse Financial Change
   Since the date of this Agreement, there has been no Material Adverse Financial Change in the condition of either of the Seller, Company or the Company Business nor has there been any material adverse change to either the Seller's or Company's ability to perform its obligations hereunder.

3. Execution of Related Agreement
   Each of the Related Agreements shall have been executed and delivered dated as of the Closing Date.

4. Government Approvals
   The Purchaser shall be reasonably satisfied that the Company shall retain or be able to obtain within a reasonable time period after the Closing (a) all governmental and statutory registrations and approvals and all other licenses and authorizations necessary to operate or develop the Company Business on the same basis as the Seller and (b) all regulatory approvals and clearances and legal or tax opinions necessary for the transactions contemplated by this Agreement.

5. Board Approval
   The Seller shall have obtained approval of its board of directors for the transactions contemplated herein.

6．クロージング

クロージングによって，代金の支払と株券の引渡（資産譲渡の場合には譲渡資産の引渡）が行われて取引が完了することになる。

ARTICLE * CLOSING

1. Closing
 The Closing process of the transactions shall take place at the office of _____ commencing at 10:00 a.m., Tokyo time, March 31, 2012 or such other time and place agreed upon by the parties. Subject to the completion of the actions set forth below, the transfer of the Acquired Stock shall be deemed to have taken place as at 00:01 a.m. at the Closing Date.

2. Actions at the Closing
 At the Closing, (a) the Seller shall deliver to the Purchaser the stock certificates representing the Acquired Stock, (b) the Purchaser shall make Payment to the Seller. And (c) each party shall make such other actions as the other party may reasonably request in order to consummate the transaction contemplated hereunder.

7．約定（クロージング後の当事者の義務）

クロージング後の当事者の義務としていくつかの約定がなされることがある。よく見られるのは売主による競業の避止義務と従業員の引き抜き禁止である。ある事業を売却した売主は基本的にはその事業を継続できないし，また早い時期に再参入するのはビジネス上はメリットは薄い。しかし，新会社を設立するなどして古くから使っているブランドを使用し，また関連事業の従業員を使って，または極端な場合には事業売却とともに買主に移管した従業員を引き抜いてその事業に再参入することも考えられ，その場合には買主は甚大な被害を受ける可能性がある。それを防ぐための条項であるが，永久あるいは極端に長い競合避止は独占禁止法上の問題をきたす恐れもあるので注意したい。

ARTICLE * COVENANT
1. The Seller shall not, for a period of five (5) years from the date hereof, directly or indirectly, either alone, jointly or in conjunction with any other entity, engage in any new business in the territory of Japan which would be competitive with the Company Business.

2. The Seller shall not, for a period of five (5) years from the date hereof, directly or indirectly, employ, solicit or otherwise encourage to leave the Company any of the employees employed by the Company at the time of the Closing.

8．責任（補償）

クロージングが完了した後で一方当事者の表明と保証への違反が発覚した場合には相手方当事者に損害賠償請求権を与えることになる。それに加えて，その相手方当事者が第三者からクレームや請求を受けた場合には，違反当事者にその損害を補填する義務を負わせるため，この条項は補償条項と呼ばれている。

ARTICLE * INDEMNIFICATION
1. Indemnity by the Seller
 Subject to the other provisions hereof, the Seller shall indemnify and hold harmless the Purchaser from and against all losses, liabilities, damages, costs and expenses based upon, arising out of or in connection with Excluded Liabilities, the breach of any representation and warranty, or the non-performance of any covenant or agreement of the Seller contained in this Agreement, provided, however, that if any claim or proceeding is asserted against the Purchaser by a third party, the Purchaser shall promptly notify the Seller thereof and the Seller is given the full opportunity to control the defense or settlement of such claim or proceeding.
 （表明・保証への違反に加えて，引き継ぎ対象から除外したExcluded Liabilitiesについても売主が責任を負うこととしている。）

2. Indemnity by the Purchaser
   Subject to the other provisions hereof, the Purchaser shall indemnify and hold harmless the Seller from and against all losses, liabilities, damages, costs and expenses based upon, arising out of or in connection with Assumed Liabilities, the breach of any representation and warranty, or the non-performance of any covenant or agreement of the Purchaser contained in this Agreement, provided, however, that if any claim or proceeding is asserted against the Seller by a third party, the Seller shall promptly notify the Purchaser thereof and the Purchaser is given the full opportunity to control the defense or settlement of such claim or proceeding.
   （表明・保証への違反に加えて，引き継ぎ対象に含まれているAssumed Liabilitiesについても買主が責任を負うこととしている。）

3. Limitation of Liability
   Liability of indemnification set forth in this Article of the Seller or the Purchaser, as the case may be, shall in no event exceed ten million US dollars (US$10,000,000) in aggregate.

第10節　その他の契約

1．覚書・意向書・統括契約（MOU，LOI等）

　MOU（Memorandum of Understanding），LOI（Letter of Intent）などとよばれる契約形態（日本語では「覚書」と呼ばれることが多い）は，大きな契約を締結したり取引を行ったりする場合に，本契約（Definitive Agreementと呼ばれることが多い）の前の段階，実際には両当事者が取引の基本的枠組みに合意した時点で，その時点で合意されているとりあえずの内容で重要なものを文書の形で確認しようとするものである。その目的は，その時点での合意内容を確認して今後の交渉のベースとしていこうとするものである場合が多い。これらの文書は一般的には拘束力がないもの（つまり各当事者はその交渉から離脱しても法的責任を問われない）と考えられているが，その旨が明

記されていない場合にはその拘束力については様々な周辺事情を総合的に考慮して判断される。企業提携を伴う大きなプロジェクトの場合には，それによって株価が変動し投資家に影響を与える可能性もあるため，MOU, LOI の段階で公表することも少なくない。

なお，これと似たような契約形態ながら，大きな取引で複数の契約（合弁契約または企業買収契約，共同開発契約，ライセンス契約，売買契約など）が締結される場合に，それらをまとめたり束ねたりする意味合いで包括的なものとして結ばれる契約がある。これにも MOU という用語が使われることがあるが，Master Agreement とか Heads of Agreements とか呼ばれることもある。以下の例では，前者の意味での MOU や LOI のみを扱うこととする。

MEMORANDUM OF UNDERSTANDING

This Memorandum of Understanding (hereinafter "MOU") made and entered into as of _____ by and between XX and YY, sets forth the mutual intent of XX and YY for the transactions to be contemplated under the Project (as defined in Article 1 below).

1. Basic Transactions

XX and YY will jointly establish a joint stock company (Kabushiki Kaisha) in Japan under Japanese law (hereinafter "Company") for the purpose of manufacture, sale and distribution of the products PP in Japan. The initial capital of the Company shall be ¥100,000,000 consisting of 100 shares of common stock. XX will subscribe and pay in 60 shares and YY will subscribe and pay in 40 shares of the Company. Formation of the Company and its related transactions are hereby referred to as the "Project".

2. Management Structure

The board of Directors of the Company shall consist of 5 members, 3 of which shall be nominated by XX and 2 of which shall be nominated by YY. The president of the Company, who will be responsible for day to day operations, shall be appointed by XX and executive vice president, who will support the president, will be nominated by YY.

3. Operations of the Company

The Company will be engaged in the business of manufacture, sale and distribution of PP and its related activities in Japan.

4. Technology Transfer

XX and YY will grant to the Company a non-exclusive license to manufacture and sale of the Products under patents of and know-how given by XX or YY, respectively, under the terms and conditions agreed upon.

5. Sale and Purchase

XX will sell to the Company materials and components necessary for manufacture of the Products at the market price under the terms and conditions agreed upon. XX and YY will purchase from the Company the Products manufactured by the Company at the market price under the terms and conditions agreed upon.

6. Definitive Agreements

Based upon mutual understanding herein mentioned, both parties will hereafter negotiate and conclude the following agreements as a part of the Project;

1) Joint Venture Agreement between XX and YY for establishment and operation of the Company.
2) Technology License Agreement between XX and the Company for patent and know-how license from XX to the Company
3) Technology License Agreement between YY and the Company for patent and know-how license from YY to the Company
4) Sale and Purchase Agreement between XX and the Company of materials and components necessary for manufacture of the Products.
5) Sale and Purchase Agreement between XX and the Company of the Products.
6) Sale and Purchase Agreement between YY and the Company of the Products.

7. Schedule

Both parties will make reasonable efforts to conclude Definitive Agreements as set forth in Article 6 by _____.

8. Confidentiality and Public Announcement

Both parties agree to keep strictly confidential the existence, nature and contents of the discussions and negotiations of the Project, including but not limited to this MOU. Information disclosed in conjunction with the activities contemplated under this MOU will be held confidential and will only be disseminated to those employees and outside advisers as are directly involved or necessary to evaluate the transactions contemplated hereby. Neither party shall make any public announcement or press release regarding the Project without prior written consent of the other party.

9. Non-Binding Obligation

This MOU is not intended to be, and not be construed to create a legally binding commitment by the parties to complete and/or implement the transactions contemplated herein, with the exception of the obligation set forth in Article 8.

10. Governing Law

This MOU shall be governed, construed and enforced in accordance with the laws of Japan.

IN WITNESS WHEREOF, the parties have caused this MOU to be executed by their respective duly authorized representatives on the date first above written.

XX (to be signed)
YY (to be signed)

2．秘密保持契約

秘密保持は企業取引にとって極めて重要なポイントとなっており，各種の契約書にはほとんどと言っていいほど秘密保持条項が入っている。一方で，両当事者が売買，技術供与，共同開発，企業買収などの取引関係に入っていく前に，相手方の状況を知り取引関係，契約関係に入ることの可否を判断するために限られた範囲で秘密情報を提供または交換することがある。この場合には秘密保持のみを目的とした秘密保持契約（Confidentiality Agreement,

Secrecy Agreement, Non Disclosure Agreement）が締結されることになる。秘密保持契約には，情報の開示が一方的になされるものと双方からなされるものがあり，また，契約書の形をとるもののほかに，一方がレターを差し入れるレター・アグリーメント形式のものも見られる。

(1) 秘密情報の定義

秘密情報の定義はもっとも重要なポイントの一つである。書類や図面，仕様書などの有形の情報の場合にも区別を明確にするために Confidential とか Proprietary とかいったスタンプを押すことが多い。口頭で提供された無形の情報の場合には，あとで書面で確認することになる。

ARTICLE * CONFIDENTIAL INFORMATION

1. For the purpose of this Agreement, "Confidential Information" means any information, including, but not limited to processes, know-how, designs, specifications, formulas, developmental or experimental work, prototypes, computer programs, customer lists, business plans or financial information, disclosed by one party (hereinafter referred to as "Disclosing Party") to the other party (hereinafter referred to as "Receiving Party") (i) in written, recorded, graphical, electrical or other tangible form which is marked as "Confidential" or with similar legend, and/or (ii) orally or in other intangible form, identified as Confidential at the time of disclosure and confirmed as Confidential Information in writing within thirty (30) days of its initial disclosure.

---

(2) 秘密情報の例外

秘密情報として開示されるものの中でも例外的に受領者に秘密保持義務を課すべきでない情報が存在する。この中には，受領時にすでに受領者が知っていたもの，公知のもの，この契約違反になることなく第三者から受領したもの，受領者が自ら開発したものなどがある。これらの例外については，秘密情報の定義から除外するか，受領者が義務を負わないことを明記することになる。

ARTICLE * CONFIDENTIAL INFORMATION （続き）
2. Confidential Information shall not include any information which:
   a) is already known to the Receiving Party at the time of its receipt from the Disclosing Party; or
   b) is or becomes publicly available without breach of this Agreement by the Receiving Party; or
   c) is made available to a third party by the Disclosing Party without restriction on disclosure; or
   d) is rightfully received by the Receiving Party from a third party without any obligation of confidentiality; or
   e) is independently developed by the Receiving Party without use of the Disclosing Party's Confidential Information.

(3) 秘密保持義務（秘密情報取り扱い注意）

受領者が負う秘密保持義務としては，受領した秘密情報を秘密に保持し第三者に開示しないこと，および受領した秘密情報を合意したあるいは指定された目的以外には使用しないことがあげられる。秘密保持義務の程度としては，少なくとも自己の情報に対すると同程度の注意などが求められる。また，社内の情報管理の手法として，情報を開示する人員の限定，開示者の承認なしにコピーをしないこと，権限ない者がアクセスできないような措置をとること，従業員教育や監査の実施などが盛り込まれることもある。

なお，上記の(2)で述べた例外とは別に，受領者が受領した秘密情報の開示を法律，判決を含む司法の決定，政府機関の命令によって求められることがある。この場合には，保護命令を求めるなどの義務を契約で課されることもある。

ARTICLE * CONFIDENTIALITY OBLIGATION
1. The Receiving Party agrees to safeguard the Confidential Information and to keep it in confidence and to use at least the same degree of care that is used in the protection of its own confidential information, which shall in no event be less than a reasonable standard of care. The Receiving Party shall limit dissemination of the Disclosing Party's Confidential Information to

those of its directors, officers and/or employees who have a need to know for the Purpose, and who are bound to maintain the confidentiality of the Confidential Information under provisions at least as restrictive as those contained in this Agreement.

2. If the Receiving Party is required to disclose any Confidential Information pursuant to a judicial or governmental order, the Receiving Party shall notify the Disclosing Party promptly in advance and use reasonable efforts to preserve the confidentiality in complying with such required disclosure, including obtaining a protective order to limit such disclosure and use of the information so disclosed to the purposes for which the order is issued.

(4) 秘密情報の所有権と返却,非許諾・非拘束

開示された情報は開示者の所有にかかるものであることを確認する。また,開示された秘密情報は,開示者の要求によりいつでも,また契約の終了・満了のときにはいつでも受領者から開示者に返還するかまたは受領者が廃棄するよう求められる。

また,この開示行為またはこの秘密保持契約は開示者から受領者に対して何らの権利や許諾,ライセンスを与えるものではないことを明記したり,各当事者に情報の開示を求めたり,何らかの開発行為や契約関係に入ることを求めるものではないことを明記する条文が入ることもある。

ARTICLE * RETURN OF CONFIDENTIAL INFORMATION

All Confidential Information shall remain the property of the Disclosing Party. Upon request by the Disclosing Party or upon expiration or termination of this Agreement, whichever is earlier, the Receiving Party shall, at choice of the Disclosing Party, return or destroy with submission of satisfactory proof of destruction all Confidential Information, including any and all copies thereof.

ARTICLE * NO GRANT, NO OBLIGATION

Except as otherwise expressly provided herein, nothing in this Agreement, nor any disclosure of Confidential Information hereunder, in any way: (i) grants any right or license to any party, (ii) obligates any party to disclose or receive any Confidential Information, perform any work, enter into any license agreement, business engagement or other agreement; (iii) limits any party from developing, manufacturing or marketing products or services which may be competitive with those of any other party; (iv) creates any joint relationship or authorizes any party to act or speak on behalf of any other party; and/or (v) limits any party from entering into any business relationship with any other parties.

(5) 期間

秘密保持の期間については，開示がなされる期間と秘密保持義務の存続する期間を分けて考える必要がある。契約期間は開示がなされる期間と考えてよいが，秘密保持期間は契約終了後（開示期間終了後）何年か継続して存続することになる。なお，上記(4)の秘密情報の所有権と返却，非許諾・非拘束の条項のほか，輸出管理，準拠法，仲裁など永遠に存続させる必要のある条項もあり得る。

ARTICLE * TERM

This Agreement shall terminate one (1) year from the date first written above, except that the provisions of Articles ___ shall survive for three (3) years after any termination or expiration of this Agreement and the provisions of Articles ___, ___, and ___ shall survive any termination or expiration of this Agreement.

(6) 契約違反の救済

秘密保持契約の秘密保持義務違反は開示者に重大な損害を与える可能性があるため，差止請求を認めることが必要な場合が少なくない。また，損害賠償を求めるにしても金額の特定が困難な場合も多いので，賠償額の予定を定めることもある。

ARTICLE * EQUITABLE RELIEF

The Receiving Party agrees that a breach of this Agreement may cause irreparable harm to the Disclosing Party and that the Disclosing Party shall be entitled to seek injunctive relief or other equitable relief in the event of such a breach, along with all other remedies available at law or equity.

3. 業務委託契約（サービス契約）

一方当事者が他方当事者にある業務（サービス）を提供するよう委託する契約は，その委託する業務によっていろいろな形態をとり得るが，比較的簡単な業務委託の場合にはだいたい契約のパターンは決まってくる。

(1) 業務の委託

ARTICLE * SERVICES TO BE ENTRUSTED
1. AAA hereby entrusts to BBB the services set forth in Exhibit (hereinafter called "Services"), and BBB hereby agrees to render the Services.
2. BBB warrants to AAA that the Services will be performed in an accurate and timely manner and that in all respects the Services will be at least as good as those provided by BBB to its other service recipients of the similar services, including without limitation, as to quality and timeliness.

(2) 対価

ARTICLE * COMPENSATION
AAA agrees to pay BBB the amount of Japanese Yen _____ per month as compensation for the Services.

(3) 下請

必要に応じて，委託された業務の遂行を下請に委託することがあるが，依頼者の同意を要するとすることも十分に考えられる。

ARTICLE * SUBCONTRACT OF SERVICES
BBB may, subject to prior written consent of AAA, subcontract the Services to third parties. BBB shall be responsible for the performance of such subcontractors.

(4) 報告の提出

業務提供者は定期的に，また必要に応じて業務の遂行の状況を依頼者に報告しなければならない。

> **ARTICLE ＊ REPORTS**
> BBB Shall periodically submit to AAA an implementation report of the Services.

(5) 当事者の関係の確認

業務提供者は依頼者に対して独立した契約者であって，業務遂行に従事している者は依頼者の従業員ではないことの確認である。

> **ARTICLE ＊ RELATIONSHIP**
> The relationship of BBB to AAA hereunder is that of an independent contractor. Nothing contained herein shall cause AAA to be deemed an employer of any of the individuals providing the Services hereunder.

参考文献

澤田壽夫・柏木昇・杉浦保友・高杉直・森下哲朗編著『マテリアルズ国際取引法第2版』（有斐閣，2009年）
千代田有子『英文契約書条項文例集』（すばる舎，2004年）
浜辺陽一郎『英文国際取引契約書の書き方』（ILS 出版，2007年）
浜辺陽一郎『国際ビジネス法入門』（東洋経済新報社，2009年）
山本孝夫『英文ビジネス契約書大辞典』（日本経済新聞社，2002年）
吉川達夫・河村寛治・植村麻里・曽我しのぶ著『国際法務と英文契約書の実態』（ILS 出版，2001年）
吉川達夫編著『国際ビジネス法務』（LexisNexis 雄松堂出版，2009年）

第2章 国際売買

第1節 国際売買と法の統一

1. ハーグ統一売買法条約

　実質法の観点から言えば,売買はどの国においても最も当事者自治の認められている分野の一つであって,当事者間の契約でかなりの部分を約定しておくことが可能である。しかし,それでも主に任意法規である売買法が適用されるケースも少なくなく,法的安定性と当事者の予測可能性確保の観点からも国際的な統一ルールが望まれる。この観点からは,私法統一国際協会(UNIDROIT)の作成した国際物品売買についての統一法に関する条約(ULIS)と国際物品売買契約の成立についての統一法に関する条約(ULFIS,両者を合わせて,ハーグ統一売買法条約という)が1964年に採択され1972年に発効した。しかし,この条約は内容的には精緻で優れているという評価を受けることもあったものの,その成立に携わったのが西側先進国のしかも大陸法系を中心とした少数の国であることや,国際取引の実務を必ずしも十分に反映していないとの評価があることなどのためにあまり受け入れられなかった[1]。

---

　1) 締約国は9ヶ国にとどまるが,英国ではこの条約を国内法化し,国際売買統一法に関する法律を制定した (1967年)。

2．ウィーン売買条約（CISG）

(1) 制定の経緯

ハーグ統一売買法条約の失敗を受けた新たな検討作業の結果として，国連の国際商取引法委員会（UNCITRAL）が作成し 1980 年に採択されたのが国際物品売買契約に関する国連条約（United Nations Convention on Contracts for the International Sale of Goods = CISG）でありウィーン売買条約とかウィーン統一売買法とか呼ばれている。この条約は，起草時点から法体系や社会・経済体制の異なる国の意見を取り入れたこと，UCC の影響を受けていること，世界的な統一法の必要性が認識されていたこと，各国法制の差異が大きい点は除外したこと（2条，3条，4条，5条）[2] などから多くの国によって受け入れられてかなりの成功を収めている。この条約は 10 ヶ国の批准により 1988 年に発効しており現在の締約国は 70 を超えている[3]。主要貿易国の中では日本と英国が批准していないという状態が続いていたが，日本は 2008 年 7 月に批准して，2009 年 8 月 1 日から直接適用の形で国内法として施行されている（平成 20 年条約第 8 号）[4]。

(2) 適用範囲

CISG が適用されるのは当事者が異なる国に所在するような国際売買であり，「営業所が異なる国にある当事者間の物品売買契約」と定義されている（1条1項）。ここでは二つのケースが示されており，一つはこの両方の国がいずれも締約国である場合である（1条1項a）。また，もう一つのケースとして，一方当事者の営業所が締約国に所在し他方当事者の営業所が非締約国に存在する場合でも，裁判地の国際私法を適用した結果として準拠法が締約

---

2) 4条では，「この条約は，売買契約の成立及びかかる契約から生じる売主及び買主の権利及び義務のみを規律する」とし，さらに，売買契約の有効性および目的物の所有権の移転については対象外であることを明記している。
3) 米国，中国，イタリアが同時に批准することによって発効に必要な 10 ヶ国に達するに至った。
4) この条約はいまだアジアの締約国が少ない。

国の法律となるときがあげられている（1条1項b）。後者のbについては，その適用を排除するためにこれに拘束されない旨を宣言することが認められており，米国，中国などが条約の批准に際してこの宣言を行っている。

　CISGは任意規定であり当事者はその適用を排除することができることが明記されている（6条）。また，本条約を国際的な統一を保ちながら適用，解釈していくことを促しつつ（7条1項），本条約で定められていない事項についてはその一般原則によって，それがない場合には国際私法で定められる準拠法によって解決されることを定めている（7条2項）。

　CISGは国際契約の中で売買契約にのみ適用されるものであるが，そこで規定されるのは，契約の成立と契約から生じる売主と買主の権利義務のみである。従って，契約または慣習の有効性（詐欺，錯誤等）や所有権については適用の範囲外と明記されているし（4条），代理や時効等についても扱っていない。また，CISGは物品（動産）の売買に適用されるものであって，不動産やサービスの取引には適用されない。また，サービスと考えられるもののうちでも，制作物供給契約や役務提供契約（売買との混合型）に関しては，買主が材料の実質的な部分を提供していたり，主要部分が労務提供である場合にはCISGが適用されないとされており（3条），それ以外の場合には適用の余地があることとなる。プラント契約の場合は通常はFIDIC等の標準契約書式が使われることが多い。

(3)　運用

　CISGの解釈には判例が必要となるが，各国の裁判所で判例が積み重ねられてきている。これらの判例をまとめたものが国連の国際商取引法委員会のウェブサイト（http://www.uncitral.org/uncitral/en/case_law.html）にCLOUTという形で公開されている[5]。国際的な法の統一を図るという趣旨からも，締約国の裁判所は他の国において本条約がどのように解釈，運用されているかを尊重しなければならない。そのためにもこれらの判例のデータベースは重

5）CLOUTの他にも，Pace Law School（New York）のデータベース（http://cisgw3.law.pace.edu/）やUNILEX（http://www.unilex.info/）からも判例を検索することができる。

要な役割を果たしている。

　このように CISG は国際的にかなりの評価を受けてきているが，その適用には壁があることも確かである。大陸法と英米法の妥協を図っている点も多く見られるため，両法系から CISG 適用への躊躇も見られ，契約による CISG 適用の排除が行われることも少なくない。ドイツにおいては，債権法（BGB）の伝統から CISG への抵抗感も少なくはなかったが，債権法改正が成就してからは適用排除が減ってきている。アメリカにおいては，判例主義であるコモンローへの慣れや UCC の利便性からか適用排除が推奨される例が多いとされている[6]。日本では CISG の批准がされたばかりということもあり学問的な研究はまだまだこれからである。一方で，企業実務においては，特に大企業の法務を中心として長い間積み上げられた経験から国際契約のドラフティングや交渉のやり方にはある程度習熟している。さらに，日本が長く批准していなかったことも相俟って，国際統一法としての任意規定である CISG にそれほど強い関心が注がれていたとは言いがたい。しかし，仮に日本が批准していない状況で見たとしても，上述のように CISG の適用の条件を見れば，もし取引相手国が締約国であるならば，準拠法の規定によってまたはそれがない場合にも国際私法の判断によってその相手国法が適用されれば CISG が適用されることになる。さらに，1 条の規定は親会社の国籍を問うものでないため，締約国に所在する関連会社はそのまま CISG の適用を受けることになる[7]。こういった状況の中でついに日本も CISG を批准したわけであって，日本においても今後は CISG を国際売買に関する基本的な法規範として捉えていく必要がある。上述の通り，一般的に企業法務では CISG の適用に消極的な考え方が少なくない。ただ，（CISG を除いた）日本法の適用が難しい場合には，内容が十分理解できていない相手国法よりも CISG を使った方がむしろリスクが小さい場合も少なくないと思われる。また，法務部門の充実していない中小企業の場合には CISG の利便性は評価できる。さらに，近い将来に近隣のアジア諸国による批准が進む可能性も考えられるこ

---

[6] 國生一彦「わが国での CISG の受容」『国際商事法務』38 巻 6 号 757，760 頁（2010 年）。
[7] 法人格がない支店や営業所の場合も適用を受ける。

と，CISG の考え方を取り入れる形で債権法改正案が作成されていることからも，企業法務としても CISG を実務でこなせるように取り組む必要がある。

　国際売買契約において CISG の適用を認めるか否かは準拠法条項の書き方によって決まってくる。特に日本が CISG を批准した結果として，施行日である 2009 年 8 月 1 日以降に締結された国際売買契約には自動的に CISG が適用されるケースが増えてくるため，今後は準拠法の定めがより重要な意味を持ってくる。例えば，準拠法は日本法であるが CISG を適用したくない場合（オプトアウト）には，以下のような文章が適切である。

　　This Agreement shall be governed by and construed in accordance with the laws of Japan, excluding the United Nations Convention on Contracts for the International Sale of Goods.

　また，準拠法を定めない契約で，CISG の適用のみを明示的に排除するためには，以下のような条文が考えられる。

　　Any and all provisions of the United Nations Convention on Contracts for the International Sale of Goods, shall not apply to this Agreement.

3．ユニドロワ原則

　CISG と並んで国際契約の原則をまとめたものとしてユニドロワ原則があげられる。ユニドロワ原則は，上述の私法統一国際協会が，世界の法体系や社会・経済体制の異なる国（大陸法，英米法，社会主義法）の契約法学者の意見を取り入れて各国の契約原則をとりまとめる形で 1994 年に作成したものでありユニドロワ国際商事契約原則と呼ばれている[8]。ユニドロワは売買契約だけでなくその他の国際契約も視野に入れているため，売買契約法である CISG よりもカバーする範囲が広くなっている。錯誤，詐欺，強迫などの強行法規を含むとともに，代理，相殺，時効，連帯債務などもその範囲に入ってくる。CISG が統一法として立法的手法で作成されたのに対して，ユニドロワ原則は，現存する各国の契約法ルールをリステイトする形となってお

　8）その後改定された 2004 年版が公表されており，現在の最新版は 2010 年版である。

り，米国法律協会（American Law Institute）が各州の判例法を集大成して刊行するリステイトメントと似たような位置づけとなっている。ユニドロワ原則は，原則的にCISGを踏襲し，また各国の契約法をよく研究して作成されており，内容的には非常によくできたものとして評価は高い。CISGの適用にあたって，CISGの規定していない部分の補充およびCISGの規定の解釈のための原則や基準としての役割を果たすと言われている。ユニドロワ原則は統一法でもモデル法でもなく，各国による批准というプロセスはない。従って，国際契約をユニドロワ原則を適用して解釈し，実際に紛争解決に利用するためには，契約の中に「本契約はユニドロワ原則に従って解釈される」等の規定を入れることによって当事者がユニドロワ原則の適用に合意しなければならない。ただ，ユニドロワ原則は国際契約実務において実際にはほとんど利用されていない。なお，ユニドロワ原則が，国際商慣習法ないしはレックス・メルカトーリア（lex mercatoria）と認められる存在になっているかどうかについては意見が分かれるようである[9]。

4．ヨーロッパ契約法原則（PECL）

EUの各加盟国から集まった法律家集団によるヨーロッパ契約法委員会が1980年ごろから準備を重ねた上で，何回もの会合を持って作成を進めてきた結果が結実したのがヨーロッパ契約法原則（Principles of European Contract Law = PECL）である。このPECL作成の必要性とそれのもたらす利益については，①国境を越えた取引を効率的に行う上での障害となる各国法間の相違を除去するために，法を調和させる役割を果たすこと，②ヨーロッパ統一市場の強化に役立つこと，③EUでは特定の法分野を対象とする指令が多く出されているが，それらを支えるための一般契約法の基礎を提供してEU契

---

[9] 肯定説は，絹巻康史『国際取引法』238頁（同文舘出版，2004年），亀田尚己・小林晃・八尾晃『国際商取引入門』32頁（文眞堂，2004年）。否定説は，北川俊光・柏木昇『国際取引法第2版』30頁（有斐閣，2005年）。肯定説によれば，国際契約へのユニドロワ原則の適用は，契約の中で「法の一般原則またはlex mercatoriaに従う」と定めることによっても可能となる。

約法を作成するための基盤とすること，④ヨーロッパの法制度に共通する核心を示すことによって，司法（裁判官，仲裁人）と立法に対して指針を提供して契約法を発展させる手助けとなること，⑤ヨーロッパ統一市場において大陸法と英米法との間の架橋となること，があげられている[10]。

　PECL の第 I 部（1990 年採択）と第 II 部（1996 年採択）では契約の成立，履行，不履行と救済，契約の有効性，代理などが扱われ，第 III 部（2002 年採択）では複数債務者，債権譲渡，時効などが扱われている。PECL は売買のみを扱う CISG と異なり，特別の契約形態に限られるものではない。その点からすれば，PECL の扱う範囲およびその規定の構成や内容は CISG よりもむしろ圧倒的にユニドロワに近いし，PECL もユニドロワも法的拘束力を持たないことも類似している。一方で，ユニドロワとの比較であるが，形式面では，各条文に注釈が付されている点は似ているが，PECL にはユニドロワには見られないような，各条文のベース規定やその論点についての EU 各国の扱いを解説したノートまで付されている。また，両者の政策面の相違として，ユニドロワが商事契約に限定されるのに対して，PECL は商取引関係に限定されず，商人と消費者との間の契約を含む契約一般に適用されること，さらに，ユニドロワが国際契約のみを対象としておりその範囲は全世界的であるのに対して，PECL の対象は EU 域内のみであり，逆に域内であれば国際契約に限らず国内の契約にも適用されることがあげられる[11]。

5．各契約原則の条文項目の比較

　CISG，ユニドロワ，PECL に加えて米国の UCC の条文項目を以下で比較してみる。UCC すなわち米国統一商法典は 1951 年に最初に成立してから幾多の改正を経てきたモデル法である。UCC は商取引の各分野を広範にカバーしており，モデル法として各州で若干の修正を加えながら州法として採択さ

---

10) オーレ・ランドー，ヒュー・ビル編，潮見佳男，中田邦博，松岡久和監訳『ヨーロッパ契約法原則 I・II』23 頁（法律文化社，2006 年）。
11) ミヒャエル・ヨアヒム・ボネル，曽野裕夫訳「『ユニドロワ国際商事契約原則』と『ヨーロッパ契約法原則』の関係について」ジュリスト 1131 号 75 頁（1998 年）。

れている。UCC は全部で 11 編からなるが，最も話題となるのが第 2 編の「売買（Sales）」である。

　この比較を見てみると，ユニドロワと PECL がその構成において驚くほど似ているのがわかる。それだけでなく，各項目の内容に関して以下で行う比較でもわかる通り，ユニドロワと PECL は構成だけでなく内容的にもよく似ている。

CISG	ユニドロワ	PECL Ⅰ・Ⅱ	UCC 第2編（売買）
1編　適用範囲・総則 　1章　適用範囲 　2章　総則 2編　契約の成立 3編　物品売買 　1章　総則 　2章　売主の義務 　3章　買主の義務 　4章　危険の移転 　5章　共通規定 4編　最終条項 （以下，参考） 3編1章より→ ㉕重大な契約違反 3編2章より→ ㉚売主の義務一般 ㉟物品の適合性 ㊺買主の救済一般 ㊾買主の解除権 3編3章より→ ㊼買主の義務一般 ㉑売主の救済一般 ㉽売主の解除権 3編5章より→ ㊆損害賠償一般 ㊆損害軽減義務 ㊆履行障害免責	1章　総則 2章　成立と代理 　1節　成立 　2節　代理 3章　有効性 4章　解釈 5章　内容，第三者の 　　　権利および条件 　1節　内容 　2節　第三者の権利 　3節　条件 6章　履行 　1節　履行一般 　2節　ハードシップ 7章　不履行 　1節　不履行一般 　2節　履行を請求 　　　する権利 　3節　解除 　4節　損害賠償 8章　相殺 9章　権利の譲渡・ 　　　債務の移転・ 　　　契約の譲渡 　1節　権利の譲渡 　2節　債務の移転 　3節　契約の譲渡 10章　時効期間 11章　複数の債務者 　　　および債権者 　1節　複数の債務者 　2節　複数の債権者	1章　総則 　1節　適用範囲 　2節　一般的義務 　3節　用語法ほか 2章　契約の成立 　1節　総則 　2節　申込と承諾 　3節　交渉につい 　　　ての責任 3章　代理権 　1節　総則 　2節　直接代理 　3節　間接代理 4章　有効性 5章　解釈 6章　内容と効果 7章　履行 8章　不履行と救済 　　　手段総則 9章　不履行と救済 　　　手段各則 　1節　履行請求権 　2節　履行の留保 　3節　契約の解消 　4節　代金の減額 　5節　損害賠償と 　　　利息	1部　定義など総則 2部　形式・成立・ 　　　契約の調整 3部　義務一般と契 　　　約の解釈 4部　所有権・債権者・ 　　　善意の買主 5部　履行 6部　不履行・解除・ 　　　抗弁 7部　救済

第2節　国際売買の類型

　国際売買にはいくつかの類型が見られるが，一つの分け方は個品売買と継続的売買である。個品売買またはスポット売買といわれる取引は一回限りの売り切り買い切りの取引である。個品売買としては鉄鋼製品とか機械単体の売買のようなものを思い浮かべればよいが，実際にはカタログ売買から受注生産品の売買までいろいろな種類のものが含まれる。これらは定期船を利用してコンテナで輸送されることが多い。また，原油や鉄鉱石，穀物のようないわゆるバルクカーゴの取引も個品売買の一つであるが，これらは不定期の専用船で輸送される。これらの取引には製品ごとに作られている国際的な標準契約約款が使われることが多い。

　しかし実際に多く行われている取引は長期売買とか継続的売買とか言われるものであって，売主と買主の両当事者が不特定物の売買を一定期間にわたって継続するものである。そのために売買条件を定めた売買基本契約が締結されて，個々の売買はその基本契約に基づいて発行される個別の注文書によって行われることとなる。工業製品としては，原材料や部品の輸出入，メーカーと代理店やディストリビューター間の製品の売買取引，OEMによる製品の供給などに利用されることが多い。売買基本契約では様々なことが規定されるが，購入した原材料や部品を完成品の生産に使用したり，購入した完成品を転売したりすることが多いので品質保証が重要なポイントとなる。また，一定期間の継続契約となるため契約期間の定めや中途解除・契約の更新なども重要である。

　一方で，発電設備一式の輸出とか機械製造設備一式の輸入とかといったまとまった設備装置の輸出入取引はプラント輸出と言われている。これは一般的に言って，機械や設備の単体としての売買や据付だけでなく，それが実際に運転可能な状態になるまでの様々な支援業務から輸入側従業員の監督指導まで行うことを含んだものとなっている。プラント輸出契約の法的性格としては，機器の引渡・組立・据付の部分についての売買（製造物供給契約），施設の設計・建設・施工の部分についての請負をとらえてそれぞれ売買説や

請負説がある。ただ，売買と請負はいずれもプラント契約の重要な要素であり，またこれに加えて輸入側従業員への技術指導は技術移転契約に相当するものであることもあり，結局はプラント輸出契約はこれらの要素が有機的に結合した混合契約であるとする見方が有力である。また，実際には，英文のプラント輸出契約は膨大な量の契約であり考えられるほとんどのことを網羅しているし，それでも解決できなければ問題の性質によって売買と請負あるいはその他の規定を必要に応じて適用するため，契約の法的性格の理解の違いによって問題が発生することはない。また，プラント輸出契約にも国際的な標準契約約款が利用されている。

第3節　契約の成立

1．申込と承諾を取り巻く理論と実務

　国際売買の一例としてある機械の売買が行われる状況を考えてみよう。最も単純に言えば売買契約は申込と承諾によって成立する。つまり買主が売主に対してこの機械を2万ドルで買いたいという意思表示をして（申込），売主がそれでは2万ドルで売りましょうという意思表示をすることによって（承諾），その機械の売買契約が成立するわけである。もちろん，この逆で売主が申込をして，買主がそれに承諾するパターンもある。ただ，実際の売買の成立までのプロセスはそれほど単純ではなく，様々な形での商談が予備交渉として行われるのが普通である。通常は，買主がこの機械を購入の対象と考えるためには，売主の広告やカタログや展示会で見つけたり，以前に取引をしたことがあったり，誰かの紹介を受けたりといった経緯がある。これらの経緯を経てこの機械に関心を持った買主は，売主に対して購入希望を表明するとともに，その機械の詳しい商品内容と価格に加えて納期や保証といった売買取引の基本的条件を提示するよう求めることになる。買主のこの要求は取引実務上は引合（inquiry）と呼ばれるものである。引合を受領した売主は，買主の要求に応じて商品内容と取引内容について買主に通知するが，こ

れが通常は見積り（quotation, estimation）と呼ばれるものとなる。見積りは法律的には，申込の誘因にあたることが多い。見積りの内容に買主が納得すれば，実際に買い付けや発注の意思表示をすることとなるが，これが申込である。これに対して広告やカタログが相当程度に具体的であってそれを見て買主がすぐに申込を行うような場合には，その広告やカタログが申込の誘因となる[12]。いずれにせよ，買主からの申込に対して売主が承諾することによって売買契約が成立する。買主が引合を出す時点で商品内容や価格といった重要条件がわかっており買主の購入意思も強く，売主に付帯条件を照会するような場合には，買主の引合に対する売主の回答がそのまま申込となる場合もある[13]。

　通常の契約交渉においては，相手方のオファーをそのまま受け入れるよりも変更を加えた逆提案をすることが多い。これはいわば新たな申込（逆申込）であって，法律上は「申込みの拒絶とともに新たな申込みをしたものとみなす」ということになる（民法528条）。このやり取りが繰り返されることとなるが，最終的な契約成立のためには，申込と承諾の内容や条件が一致しなければならないとされる。両者が鏡で映されたように一致しなければならないということで，鏡像の原則（mirror image rule）と言われる。なお，引合や見積りなどの予備交渉が絡むとは言っても売買契約の場合には申込と承諾は比較的明確に認識することができるが，大型の複雑な取引となるとどれが申込でどれが承諾か区別するのが困難となってくる。プラント輸出契約，企業買収契約，合弁契約などの場合がこれである。このような契約では複雑なプ

---

[12] 展示即売会の場ですぐに商談が行われるような場合には，展示即売会が申込の誘因となる。
[13] 買主の引合がこのような状況ではなく通常の引合（売主にオファーを求めるもの）である場合でも，売主の見積りを申込，それに対する買主の注文を承諾と見る考え方もある。江頭憲治郎『商取引法第3版』11頁（弘文堂，2002年）。なお，CISG 14条1項の規定「一または複数の特定の者に向けられた契約の締結の申入れは，それが十分に明確であって，承諾があった場合に拘束されるとの申込者の意思が示されている場合は，申込となる。申入は，物品を示し，明示的または黙示的に数量及び代金を定め，またはこれを定める規定を含む場合には，十分に確定されている」もその考え方の参考となろう。

ロセスを経て契約が成立することになるので，申込承諾の考え方を適用する必要はないと考えられる。

2．契約の成立

(1) 契約の書面性

　日本を含め多くの国では契約成立のためには原則として書面は不要である（諾成契約）。この原則は民法には明記はされていないが，債権法改正案[14]ではこれが明記されている（3.1.1.02 条）。CISG（11 条），PECL（2-102 (2) 条），ユニドロワ（1.2 条）でもこれを明記する。ただ，CISG では，当事者のいずれかが留保宣言を行った締約国に営業所を持つ場合には適用されないとしている（12 条，96 条）。一方で，英米法系の国では詐欺防止法[15]の流れをくんで，一定の契約には書面を要するとされてきた伝統がある。その中には，1 年以内に履行を完了できない契約や一定の価格を超える動産の売買契約も含まれていた。ただ，米国では，詐欺防止法違反の契約を無効ではなく，強制不可能と解釈している。これを受けて，UCC においては，5,000 ドル以上の売買契約は書面によらない場合には訴訟において強制できないとされている（2-201 (1) 条）[16]。また，1 年以内に履行を完了できない契約は，それだけの理由では強制不可能とはならないとして，詐欺防止法の範囲から外すことを明記している（2-201 (4) 条）。なお，国際契約実務で契約書を交わさないことはあまりないが，簡単な注文書と請書も契約であることを認識しておく必要がある（売買基本契約書のもとでの個別契約書の位置づけとなる）。

---

14) 平成 21 年 3 月 31 日，民法（債権法）改正検討委員会が 2 年半に及ぶ審議の成果を「債権法改正の基本方針」として取りまとめたもの。
15) もともとは英国で 1677 年に制定された法律に起源を有するが，同じような法律が英米法系の各国で制定されてきた。
16) ここで必要なのは，正確に言えば，「書面」ではなくて「記録（record）」である。「記録」の定義（2-103 (1) (m) 条）によれば，有形の媒体に化体されたものまたは電子媒体やその他の媒体に蓄積され視認可能な形で引き出すことができるものとされており，その要件はかなり緩くなっている。従って，電子メールも可能となる。

(2) 承諾の成立

　相対または電話のような対話者間の契約の場合は，申込と承諾がその場で行われるため契約自体がその場で成立することになるが，ビジネス契約では隔地者間の契約となることが多い。民法（526条1項）や英国法においては承諾の通知を発信したときに契約が成立するが，CISG（18条2項），PECL（2-205(1)条），ユニドロワ（2.1.6(2)条）は承諾も到達主義となっており，申込者に承諾が到着したときに契約成立となっている。債権法改正案もこれを受けて承諾に到達主義を採用している（3.1.1.22(1)条）。ただ，近時のインターネットや電子メールなど電子的手段を利用した契約は，発信と到達がほとんど同時であるため発信主義か到達主義かは問題とならない[17]。

　申込を受けた当事者は原則としては諾否の回答をする義務はない（つまり，沈黙が承諾とならない）。しかし，商法509条は，商人の場合（通常のビジネスではほとんどの場合がこれに該当する）は遅滞なく諾否の通知をしなければ承諾したものと見なされるとしているので注意しなければならない。しかし，CISGは，「沈黙または何らの行為もしないことは，それだけでは承諾とはされない」（18条1項）として，沈黙や不作為が承諾とならないことを明記しており，PECL（2-204(2)条）とユニドロワ（2.1.6(1)条）も同様である。

　一方で，CISGでは，当事者間の確立された慣行によって，明示の承諾がなくても物品の発送や代金の支払等の行為によって承諾の効力が生じる場合があるとしている（18条3項）。この「履行による承諾の成立」の考え方は，PECL（2-205(3)条），ユニドロワ（2.1.6(3)条），UCC（2-201(3)条），債権法改正案（3.1.1.22(2)条）でも明記されている。実務においては，注文書によって申込がなされ請書によって承諾がなされることが多いが，慣行として請書の発行をはぶくケースも少なくない。その場合には，工場への生産指示などの行為が実質上の承諾と見なされるであろう。

---

17) 電子消費者契約及び電子承諾通知に関する民法の特例に関する法律の4条では，隔地者間の契約において電子承諾通知を発する場合には民法526条1項は適用しないと定める。

(3) 承諾期間と確定申込

　申込には有効期間のあるものとないものとがある。民法においては，有効期間のある申込の場合にはその期間中に承諾しなければ申込の効力が消滅するが（521 条 2 項），申込者の側からすればその期間中は申込の撤回ができない（521 条 1 項）。また，有効期間のない申込でも，相当の期間経過までは撤回できない（524 条）。ところが，英米法の考え方では，申込は承諾前であればいつでも撤回できる。申込を撤回不能とするためには何らかの約因（対価）が必要となるが，これは形式的なものでよく，対価を支払って承諾期間を確保した契約をオプション契約という。ただ，UCC においては，撤回自由の原則を修正して，商人が書面によって 3 ヶ月以内の一定期間内は撤回不能である旨を明記して行った申込は約因がなくても撤回不能であるとしている（2-205 条）。

　国際契約原則においてはこのような考え方の相違を調整している。CISG は，申込は原則として（承諾の前であれば）いつでも撤回できるとした上で，①申込が承諾期間の設定その他の方法により撤回不能と示している場合，または②相手方が申込を撤回不能のものと信頼したことが合理的であって実際にその申込を信頼して行動した場合には撤回できないとしている（16 条）。有効期間のない申込については明らかに民法と異なっているが，有効期間のある申込については民法と近い。ただ，有効期間の設定が自動的にその期間中の撤回不能を導くわけではないようである。ユニドロワは CISG と全く同じ規定となっており（2.1.4 条）。PECL は，若干表現は異なるが似たような規定となっている（2-202 条）。なお，債権法改正案は，現行民法の考え方を維持した上で，撤回権を留保することができる旨を付け加えている（3.1.1.13 条，3.1.1.16 条）。国際取引の実務では，一定期間は取消不能であることを明確に宣言した申込として確定申込（firm offer）が使われることが多い[18]。

---

18) 申込の有効期間（承諾のための期間）を定めることと，その期間は申込を撤回不能とすることとは厳密に言えば異なることであるが，民法や CISG の立場からすれば同じ意味を持つこととなる。

3．書式の戦い

(1) 問題の所在

　実際の契約交渉においては両当事者が相手方の提案に対してその都度いろいろなやりとりを行うのが通常であり，それぞれのやりとりが場合に応じて申込と承諾または変更を加えた申込に該当する。この過程で両当事者が自社の契約の標準フォームを持っており，申込と承諾または変更を加えた申込における主要条件に加えてその標準フォームを相手方に送りつけてくる場合がある。これが書式合戦とか書式の戦い（battle of forms）と言われる状況である。この標準フォームは一般条項として自社に都合のよい条項を記載してあるのが普通である。これが申込者の条件として申込に添付されている場合には申込の一部となるので法律的には何ら問題はないが，申込の内容と異なるものが承諾者の条件として承諾に添付されている場合が問題である。これらの標準フォームは小さな字で印刷されており裏面約款の形をとることも多いため，価格・品質・数量・納期といった主要契約条件にしか注意を払っていない営業・技術・企画担当者がこれに関心を払うことは稀であり，主要条件での一致をもって契約成立と考えてしまうことが少なくない。この場合は両当事者が異なる内容の標準フォームを送り合った状態のままで契約内容が実行されることになる。両当事者にトラブルがなく取引が実行されれば問題ないが，ひとたびトラブルが起こった場合には各当事者が自社のフォームに従った主張をすることになる。特に問題となりやすいのが売主の品質責任と保証条項である。自社の標準フォームに従って売主は責任と保証を最小限としようと主張するであろうし，買主は最大限の保証を求めることとなる。また，市場価格の大変動などにより契約を履行するのが都合悪くなった側の当事者が，標準フォームの違いを発見してこれを奇禍として契約の無効や不成立を主張することも考えられる。

(2) 契約の成立の可否

　書式の戦いが行われた場合においてそもそも契約は成立しているのか，成立しているとすればどちらの標準フォームによって契約が成立しているのか

がここでの問題点である。

　まず，前者について考えてみる。書式の戦いにどのような立場をとるかにかかわらずほとんどの法制では，申込の内容と異なる内容で承諾がなされた場合（付加，制限，条件，その他の変更を含む時）には，申込の拒絶となり，新たな申込と見なされるのが原則である（民法528条，CISG 19条1項，PECL 2-208 (1)条，ユニドロワ2.1.11 (1)条）。この場合，鏡像の原則を厳密に適用して，申込と承諾の内容が一致していない場合には，いかなる場合にも契約の成立を認めないという考え方がある。一方で，多くの国際契約原則は，承諾に含まれていた変更が実質的な変更であるのかそうでないのかで分けて，後者の場合には申込者が遅滞なく異議を述べていない限り契約の成立を認めようという考え方が優勢である（CISG 19条2項，PECL 2-208 (2)条，ユニドロワ2.1.11 (2)条，債権法改正案3.1.1.24 (1)条）。CISGは，さらに実質的な変更として，代金・支払・品質および数量，引渡しの場所と時期，責任の限度，紛争解決を例示的に示している（19条3項）。UCC 2-206 (3)条は，変更を実質的なものとそうでないものとに分けることなく，明確で期間内の承諾であればたとえその中に申込条項や合意条項と異なる条項や付加条項が含まれていても承諾としての効力が発生するとしている。これによって，申込と承諾に内容の違いがあっても原則として契約が成立するという立場をとっている。

　これらの分析によれば，いかなる場合も契約が成立しないという立場をとる法制では全ての契約について，また変更が実質的でない場合には契約の成立を認める立場をとる法制においても実質的な変更があった場合にはそもそも契約が成立していないことになってしまう。しかし，実務で実際に発生するのは，標準フォームの相違に気がつかないで（あるいは気にも留めないで），契約の履行を進めていってしまう場合である。上記「承諾の成立」で述べたように，承諾を受けた側，つまり「変更された新たな申込」を受けた側が契約の一部履行（または相手方の履行の黙認）という行為でこの「変更された新たな申込」に対して承諾を与えることによって契約が成立してしまう場合がほとんどである。従って，承諾と申込の内容が合致しなくても実際には契約が成立してしまうことが多いため，以下では，契約が成立したという前提で，どちらの標準フォームが優先するのかを考えてみる。

(3) 書式の戦い①――ラスト・ショット・ドクトリン――

　この問題点の扱い方を大きく分けると，一つには，最後に書式を送付した当事者の書式によって契約が成立しているとする考え方があり，これは最後に発砲したほうが勝つという意味でラスト・ショット・ドクトリン（last shot doctrine）と呼ばれている。コモンローの世界でも鏡像の原則からして伝統的にこの考え方が強かった。一方で，申込と承諾の文言が異なり両当事者の合意が確認されない条項については，合意がなかったものと見なして法の一般規定が適用されることになるとする考え方は，(4)で説明するようにノックアウト・ルール（knock out rule）と呼ばれている[19]。

　民法にはこれを扱う規定がないし判例もないが，一般原則が適用されると後で出された書式が効力を持つことになり，ラスト・ショット・ドクトリンが適用されることになる。

　CISGでは，上述の通り，承諾の中で申込内容に加えた付加条件や異なる条件が申し込み条項を実質的に変更しない場合には，申込者の異議がない限り承諾と見なされ，承諾に含まれた条項によって契約が成立する（19条2項）。一方で，それが実質的な変更を加える場合には反対申込として扱われるわけであり，民法と同様でこの場合の扱いについてはこれ以上の規定はない。そこで，契約がそのまま履行されたときには実質的にはラスト・ショット・ドクトリンにより承諾者のフォームが適用される結果になることになる。つまり，結果としては内容が重要であろうがなかろうが最終承諾者が優位に立つことになる場合が多い。

　債権法改正案では，実質的な変更がない場合には，申込者の異議がなければ，変更がなされた部分を除いた内容で契約が成立するとしている（3.1.1.24(1)条）。実質的な変更の場合の規定はないので，これらを解釈すると，実質的な変更がある場合にはラスト・ショット・ドクトリンで，ない場合にはノックアウト・ルールということになろうか。

　一般的に言って，契約文書に限らず文書というものは後で出されたあるい

---

19) ごく少数ながらも，オランダのように，最初に提示された方のフォームに従うというファースト・ショット・ドクトリン（first shot doctrine）をとる国もある。

は書かれたものの方が優先する可能性が高いことから，一見するとラスト・ショット・ドクトリンは妥当なものに映るかもしれない。しかし，定型フォームや標準フォームは各当事者が自らに有利なものを一方的に刷り込んでいるわけであり，ちょっとした偶然で一方のフォームが優先して使用されるのは公平とは言いづらい。さらに，売買契約は一般的には買主が申込をして，売主が承諾することが多いので，この理論は一般的には売主に有利な考え方ということもできる。

(4) 書式の戦い②──ノックアウト・ルール──

商取引の実務からもさらに公平性の面からしてもラスト・ショット・ドクトリンは不合理であると考えられる。UCCにおいては，この問題に合理的な解決を図るような条文がおかれている。UCCの2-207条においては，(i) 当事者がその行為によって契約の存在を認めている場合，(ii) 契約が申込と承諾によって成立している場合，または(iii) 成立した契約が，そこで確認される条項と異なる条項や付加条項を含む記録によって確認される場合には，以下の条項が契約の内容を構成するとした。それは，(a) 記録されている条項，(b) 記録の有無にかかわらず当事者の合意した条項，および(c) UCCの規定によって取り込まれた条項，である[20]。これにより，申込と承諾の文言が異なる条項については，両当事者の合意が確認されないため，合意がなかったとみなして法の一般規定を適用する（ノックアウト・ルール）。

ユニドロワ原則は，一般論として，承諾における申込内容の変更が実質的でない場合はその変更を含めた形で契約が成立するとしているが（2.1.11 (2) 条およびその注釈），それに加えて「書式の戦い」というタイトルの条項を正面から設けてこの問題を扱っている。そこでは，両当事者がそれぞれの定型条項を使用し，その定型条項以外について合意した場合には（一方当事者が相手方当事者に対してその契約に拘束されない旨を通知している場合を除い

---

20) 2003年改訂。改訂前も原則的な考え方は同じであり，承諾に付された付加条項によって申込に実質的変更が加えられる場合には，その付加条項は契約の一部とはならないとされていたが（旧2-207条），申込者の契約履行によって実際にはその内容で契約が締結されたと見なされる可能性があった。

て），その合意された内容および定型条項のうち内容的に共通する条項に基づいて契約が締結されたものとする（2.1.22条）[21]。ただ，自己の定型フォームに基づかない契約には拘束される意思のないことを明示しておくことによって，ノックアウト・ルールの適用を排除することができる。また，PECLの扱いはユニドロワとほとんど同じである（「変更を加えた承諾」2-208条，「抵触する約款」2-209条）。従って，これらの契約原則においては，UCCと同様に明確な合意がない部分については法の一般原則が適用されることになる。UCC，ユニドロワ，PECLの扱いの方が公平性を保つことになり，また実務にも則していると言えよう[22]。

4．契約締結上の過失

　契約が成立するまでは両当事者ともに契約に拘束されることはないというのが大原則である。ただ，契約が成立してからその履行過程において両当事者に課せられる誠実義務が契約成立前の交渉過程にも存在するかどうかという問題がある。この点に関して，民法には規定がないが，日本では契約交渉において相手方の期待を侵害しないように誠実に交渉を進める義務があることを認めた判例がある[23]。ここでの責任の根拠としては契約締結上の過失によるものか不法行為によるものか信義誠実の原則によるものかの議論があるが，日本の判例は不法行為に依拠するものが多い。

　一般的に，大陸法系では契約締結上の過失を認める傾向が強いが，英米法では認められる余地が小さい。米国でこのような契約締結前の交渉責任を認める法理としてはpromissory estoppelがあげられる[24]。

---

21) ユニドロワ2.1.22条の注釈において，ノックアウト理論に従うことを明示している。
22) また，ドイツの判例やフランスの判例も同じ方向であると言われている。新堀聰「ウィーン売買条約と貿易実務」『JCAジャーナル』54巻7号58頁（2007年）。北川・柏木，前掲注9），50頁。
23) 最判平成19年2月27日，最判昭和59年9月18日（判時1137号51頁），東京高判昭和62年3月17日（判時1232号110頁），東京地判平成6年1月24日（判時1517号66頁）。
24) 契約法リステイトメント第2版90条（北川・柏木，前掲注9），53頁）。

CISGには契約締結上の過失の規定は見られないが，ユニドロワ（不誠実な交渉）とPECL（信義誠実に反する交渉）においてはこれが規定されている。両者の規定は全く同じであって，まず交渉では合意に達する責任を負わないことを明記した上で，不誠実に交渉を行ったり破棄したりした当事者は相手方に損害賠償責任を負うとし，さらに，相手方と合意に達する意思を有しないで交渉を開始したり継続したりすることが不誠実なものである（信義誠実の原則に反する）ことを指摘している（ユニドロワ2.1.15条，PECL 2-301条）。債権法改正案もほぼ同じような規定を置いている（3.1.1.09条）。

なお，いずれの法制の理論や規定においても，契約締結上の過失による損害賠償責任の範囲は相手方が契約交渉のために費やした費用などのいわゆる信頼利益に限定されている。

5．契約の主要条件

国際売買契約における主要条件として通常は品質条件，数量条件，価格条件，船積条件，決済条件，保険条件の6つがあげられる。

品質条件（quality）は，商品を特定するためのものであると同時にその規格，形状，等級，性能，商標などを決定する。サンプルで示すこともあるが，通常は技術内容を含む仕様書によって詳細に記述される。取引によっては仕様書は付属書も含めて膨大なものとなることも多い。

数量条件（quantity）を定めるには数量決定の方法とその時期についての特定がある。数量決定の単位は製品によって異なるが，個数，重量，容積，長さ，面積などが考えられる。数量は両当事者の取引能力や需要によって決まってくるので，原則として契約時に特定しておく必要がある。ただ，長期継続売買の基本契約においては各期間における取引数量を一定の幅で決めておくこともあるし，また，買主に最低購入量の義務を課すような契約もある。この場合も注文書の形をとる個別契約で数量が特定されるのは当然である。

価格条件（price）を定めるには決済通貨を示す必要がある。その場合の為替レートの決定の仕方やレート変動時の必要な調整についても記載されることがある。また，FOBとかCIFとかいった船積条件はそのまま価格条件を

示すことにもなる。

　船積条件（shipment）は，商品の引渡の場所，時期，方法を特定するものであり，通常はインコタームズに基づいて FOB, CIF, C&F などの条件が使われる。インコタームズについては第 6 節でふれる。

　決済条件（payment）は，代金支払の方法と時期を定めるものであり，国際取引において使われる方法には，D/P 手形，D/A 手形，荷為替信用状（L/C）などがあるが，関連会社との取引や信用できる相手との取引にはもっと単純な電信送金（T/T）が使われることもある。

　保険条件（insurance）は，運送保険の付保義務が売主にある CIF などの契約の場合にその保険の金額などを決定するものである。

　これらの条件のほかにもいくつかの契約条件があるが，そのうち最も重要なのが保証（warranty）と売主の責任である。保証期間，保証の方法，保証の範囲，製造物責任などが考えられる。これらの基本的条件に加えて不可抗力，準拠法，仲裁条項などの一般条項がある。

第 4 節　各当事者の義務等

1．売主の義務と買主の救済一般

　CISG は，売主の義務（第 3 編第 2 章）と買主の義務（同第 3 章）とを別建てとした上で，売主の義務としては，物品の引渡，書類の交付，所有権の移転の三つをあげている。さらに最も重要な部分として物品の契約適合性をとりあげた後で（売主による契約違反に対する）買主の救済を規定している。UCC においては，契約上の一般的な義務と解釈（第 2 編第 3 章）の中で，売主の義務を移転と引渡としている。

　CISG における売主の物品の引渡義務は，売買契約が運送を伴う場合には最初の運送人に交付し，そうでない場合には買主の処分に委ねることである（31 条）。しかし実際には，インコタームズを利用して FOB や CIF といった船積条件を指定している場合が多いので，CISG のこの規定はあまり使われ

ない。売主の書類交付義務（34条）の対象としては，商業送り状，船荷証券，海上運送状，航空運送状，保険証券，原産地証明書等が考えられる。

ユニドロワ，PECL は売買契約のみを対象としているわけではないことから，両当事者の義務という形での条項は持っていない。

2．物品の契約適合性（保証義務）

売買契約においては，売買目的物やその仕様，価格，数量，引渡条件，支払条件などが取引の価値を決めるものとして重要なのは当然であるが，それ以外の要素として実際に最も問題やトラブルが発生しやすいのは品質不良とそれに関する売主の保証である。

(1) 民法

民法においては，債務者がその債務の本旨に従った履行をしないときに債務不履行責任を負うとしている（415条）。この規定は債務不履行の原則規定と位置付けられているが，学説上は，債務不履行のタイプを履行遅滞，履行不能，不完全履行の三つに分けるのが普通である。条文上は履行不能のみ過失責任（債務者の責めに帰すべき事由によって履行をすることができなくなったとき）となっているように読めるが，履行遅滞と不完全履行も過失責任であると考えられている。ただ，不法行為の場合と異なり，債権者の方に無過失の立証責任がある。なお，履行不能のうちで原始的不能の場合は，契約は無効であって債務不履行とはとらえられないとするのが通説である。

ところで民法では，品質不良の製品の引渡は債務の本旨に従った履行ではないとして売主に債務不履行責任が発生する一方で，売買の目的物に隠れたる瑕疵があったときには法定責任である瑕疵担保責任が発生する（570条）。債務不履行が過失責任であるのに対して，瑕疵担保責任は無過失責任であり特定物に対して適用される。債務不履行責任の時効は一般債権の時効として引渡から10年（166条）となるが（商行為の場合は商法522条により5年），瑕疵担保責任については1年の短期消滅時効（566条，570条）にかかる。また，商人間の売買では，買主は商品受領後は遅滞なく検査し，その瑕疵について

は直ちに売主に通知しなければならない。これを怠ると救済を受けられなくなる。また，隠れた瑕疵についての通知ができる期間は民法の1年に対して6ヶ月となっている（商法526条1項2項）。

このように日本の売主の品質責任の規定は錯綜した形となっている。債務不履行と瑕疵担保の関係に関しては判例・学説ともはっきりしない部分を残しているが，できるだけ両者の融合を図ろうとする動きが見られるようである。一方で，これらの現行民法の債務不履行と瑕疵担保の考え方に対して，債権法改正案ではCISGの立場に近くなる方向で大幅な変更が加えられている。債権法改正案では，損害賠償に関連して債務不履行を（履行不能，履行遅滞，不完全履行に分けないで）一元的にとらえている（3.1.1.62条）。ただ，必要な局面においては，債務不履行の下位概念としてこれらの分類を使用している。また，反対の合意がない限り，原始的不能の場合も契約は有効に成立するとしている（3.1.1.08条）。さらに，過失責任を排するという観点から（責めに帰すべからざる事由という表現を避けて），債務者が引き受けていない事由により債務不履行が生じたときには，債務者は損害賠償責任を負わない（3.1.1.63条）とした。一方で，売主の担保責任に関しては，債務不履行責任の一類型であるという立場に立ちながらも，その救済手段を別途提示した。そこでは，瑕疵のない物の履行請求（代物請求，修補請求等），代金減額請求，契約解除，損害賠償請求があげられている（3.2.1.16条）。

(2) UCC

UCCには日本の民法のような債務不履行と瑕疵担保の区別はないし，すべて無過失責任である[25]。また，民法のような履行遅滞，履行不能，不完全履行の区別はない。UCCにおける保証には明示の保証（express warranty）と黙示の保証（implied warranty）とがある。明示の保証は，商品に関する約束や記述，サンプルやモデルに合致することである（2-313条）。黙示の保証は，文章やサンプルとして明示されていなくても，商品が商品として当然有

---

25) ただ，後述の通り，「履行障害の免責」によって実質上責任を負わなくてもすむ場合も出てくる。

するべき商品性（merchantability）を持っていること（2-314条），および特定の目的に適合（fitness for particular purpose）していること（2-315条）を保証するものである。

　黙示の保証については，売買契約の中で明確（conspicuous）に記載することによってこれを排除し売主を免責することができる（2-316(2)条）。消費者契約において商品性についての黙示の保証を排除するための文言は具体的に指定されており，「売主は，本契約に別段の定めがない限り，物品の品質についていかなる責任も引き受けない」と記載しなければならない。また，消費者契約以外の契約に関しては文言の指定はないが，文言が商品性に言及していることが求められている。また，消費者契約において特定目的適合性についての黙示の保証を排除するための文言も具体的に指定されており，「売主は，本契約に別段の定めがない限り，本物品を購入する特別の目的に当該物品が適合することについてのいかなる責任も引き受けない」と記載しなければならない。また，消費者契約以外の契約に関して，「この書面に記載されていることを超える範囲のいかなる保証もしない」（例示）という文言であれば十分であるとしている。さらに，as is（現状のままで，現況有姿で）とか with all faults（瑕疵のあるままで）とかの用語を使用すれば，全ての黙示の保証を排除することができるとされている（2-316(3)(a)条）。なお，「明確に」記載するためには，見出しを大文字で書くとか，見出しや本文を大きな字で書くとか，際立った型や色で書くとかが必要とされている（1-201(10)条）。実際の契約では，この免責の部分の文字だけすべて大文字で書くことが多い（第1章参照）。

　買主が契約締結前に物品またはそのサンプルやモデルの検査を行った場合あるいは，売主からの検査の要請を拒絶した場合には，検査によって当然発見すべきであった瑕疵については黙示の保証の規定が適用されない（2-316(3)(b)条）。また，債務不履行を知ってからまたは知るべきであった後の合理的な期間内にそれを売主に通知しなければ，買主は救済を受けることができない（2-607条(3)(a)）。

(3) CISG

　CISGにおいては，UCCと同様に，債務不履行と瑕疵担保の区別もなく，過失責任主義も放棄している。また，民法のような債務不履行の三分類説や原始的不能の考え方もとらないで，すべて債務不履行という一元的な概念でとらえている。

　物品の適合性という条項で物品に関する諸問題を包括的・一元的にとらえている（35条）。具体的には，まず契約で定めた数量，品質，記載への適合と容器への収納，包装の義務を述べてから（35条(1)），通常の使用目的および売主に知らされていた特定の目的への適合性と，見本やひな型と同じ品質を持つことが要求される（35条(2)）。買主が契約時に不適合を知りまたは知らないことがあり得なかった場合には，売主は責任を負わない（35条(3)）。もう一つの売主の免責としては，買主の検査・通知義務違反があげられる。買主には，その状況のもとで現実的である限り短い期間のうちに物品の検査を行う義務がある（38条）。そして，買主は，不適合を発見したか発見しているべきであった時から妥当な期間内に，売主に不適合の通知を行わなければ救済を失う。遅くとも引渡から2年以内に通知しないと買主は救済を受けられない（39条）。ただ，買主がその通知をできなかったことに妥当な弁明をすることができるときには買主の権利は消滅しない（44条）。この2年という期間は各国法制から見ると長いように思われるが，買主に必ず2年が与えられているわけではなくて，判例ではかなり短い期間の通知でも遅すぎるとしているものも少なくない。これらと異なる約定は有効である。

　売主は権利の瑕疵（第三者の知的財産権に係るものを含む）のない物品を引き渡す義務を負う（41条，42条(1)）。ただし，買主が契約時に第三者の権利を知っているかまたは知らないことがあり得なかった場合，第三者の権利侵害が買主の提供した図面，設計，製法等に売主が従ったことによって生じた場合には売主は責任を負わない（42条(2)）。買主は第三者の権利または請求を合理的期間内に売主に通知する義務を負い，この通知を行わない場合には権利を失う（43条，44条）。

3. 買主の救済

(1) 民法

民法の特徴は上述の通り債務不履行と瑕疵担保を分けていることである。債務不履行への救済として民法は特定履行を認めている（民法414条）。大陸法系では一般に履行の請求つまり特定履行を原則的な救済手段としているが，英米法系ではこれを原則として認めず，あくまで例外的な救済手段と位置付けている。債権法改正案は，特定履行に関しては原則として民法の立場を引き継いでいる（3.1.1.61条）。買主は債務不履行に対しては，履行の強制として代品や瑕疵の修補を請求できる（414条）ほかに損害賠償を請求できる。損害賠償の範囲は通常生ずべき損害と予見可能な特別損害であり（416条），履行利益を含んでいる。一方で，特定物に適用あるとされる瑕疵担保責任は無過失責任であるが，代品や瑕疵の修補を請求できるとする規定がなく，また損害賠償の範囲も信頼利益のみということになっている。債務不履行と瑕疵担保に関してはその違いがとらえにくいところもあるが，実際の適用に際しては相互に準用されることも少なくない。まず，判例は瑕疵担保の規定は特定物だけでなく不特定物にも適用あるとしているし[26]，学説にもこれを認める説が有力となってきている。また，判例・学説とも瑕疵担保責任について代品や瑕疵の修補の請求を認める[27]。さらに，瑕疵担保のときの損害賠償も履行利益を含むというのが通説となっている[28]。解除権については後で検討する。

(2) UCC

売主の債務不履行に対する買主の救済を列挙した条文（2-711条）のほかに，例外的に特定履行（specific performance）を認める条文が入っている（2-716条）。これによれば，物品が唯一無二のものであるか，その他の特別の情

---

26) 最判昭和36年12月15日（民集15巻11号2852頁）。
27) 前掲注26）の判例。
28) 五十嵐清『比較民法学の諸問題』108頁（一粒社，1984年），水辺芳郎『債権各論』141頁（三省堂，2003年）。

況がある場合にのみ特定履行の判決が下され得るとされている。前者の例は不動産であり，後者の例としては，市場に代替品が不足しているために調達が困難である場合や損害賠償額の確定が困難である場合などがあげられる[29]。また，消費者契約でない場合には，当事者がその救済方法に合意している場合には特定履行の判決が下され得るともされている。売主が不法に物品の引渡をしない場合には，買主は，信義誠実の原則に従いかつ不当な遅延なしに，当該物品の代替品として他から合理的な物品を購入することができるとされている。これがいわゆるカバー（是正）と呼ばれるものである（2-712条）。売主は，不完全な物品を提供した場合には，履行期間前の場合，また履行期間経過後であっても，合理的期間内に完全な物品を提供することができる追完権を持っている（2-508条）。解除権と損害賠償請求権については後で検討する。

(3) CISG

CISGは，売主の契約違反に対して買主が請求できるものを一般的に列挙する（45条）中で，本来の給付，代替物の引渡，瑕疵の修補（以上46条），代金の減額（50条），解除（49条），損害賠償（74条以下）をあげている。このうち，特定履行に関しては，これを認める大陸法系とこれを特定の場合に限定する英米法系の考え方の妥協を図っている。つまりここでは46条で特定履行を認めながら，一方で，裁判所は法廷地法が特定履行を認めている場合でなければ特定履行を認める判決をする必要はないとしている（28条）。また，代替物の引渡と瑕疵の修補の請求についても，民法のように売主の担保責任から発生してくるものではなくて，債務不履行への救済の一環として本来の給付請求（特定履行）の一部として位置付けた条文構成をしている。従って，代替物の引渡は重大な契約違反のとき，瑕疵の修補はすべての状況から見て不当でないときにのみ請求できるとして，厳しい条件を課している。契約の解除は，売主の債務不履行が重大な契約違反となる場合または物品の引渡がなされない場合に行うことができる（49条）。損害賠償に関して

---

29) 平野晋『体系アメリカ契約法』198頁（中央大学出版部，2009年）。

は，その他の救済を求める権利の行使によってはこれを奪われないとして，その他の救済手段に代わって，またはそれに加えて行使することができる（45条(2)）。

　CISGは，一度締結された売買契約は出来るだけ維持させた方が取引上経済上好ましいとの立場に立っており，この観点から債務不履行に陥った売主による追完権を認めている。つまり，売主は，引渡期日の経過後も，①不合理に遅滞せず，②買主に不合理な不便を生じさせず，③買主の支出した費用について償還を受けることについての不安を生じさせない場合には，自己の費用負担によって債務不履行を追完する（remedy）ことができる（48条(1)）。売主が買主に対してこの追完を受け入れるかどうかを通知した場合において，買主がこれに合理的期間内に回答しない場合には，売主は追完を行うことができる（48条(2)）。もっとも，売主にこの通知を行う義務があるわけではない。買主が追完を拒絶した場合には，もはや46条の特定履行を求めることができないが，その他の救済を求めることはできる。この追完権はかなり強力なものであるが，解除の規定に服するとされている。なお，この追完権とは別に，売主による物品の引渡が期間内になされたがその内容が不完全である場合に，引渡期日前の追完を認める規定も置かれている（37条）。追完の内容としては，欠落部分の追加引渡，代替品の引渡，不適合部分の修補があげられている。

　また，引渡期日後の追完権の場合と同様に，遅れてなされる履行であっても受け入れた方がビジネス上は好ましいとの観点から，CISGは，売主による履行がなされていない場合に，買主が履行に猶予を与えるために合理的な長さの付加期間を設定することができることを定める（47条(1)）。この付加期間を定めると，買主はその期間中は，売主による債務不履行に対するいかなる救済も求めることはできなくなる。ただし，履行遅滞による損害賠償を請求することはできる（47条(2)）。この付加期間は後述のように，買主による契約解除の条件づくりの意味をも持っている。

(4)　ユニドロワ

　非金銭債務の履行の条項を設けて原則として特定履行を認めているが，例

外として，①法律上または事実上不可能なとき，②不合理なほどに困難であるか費用がかかるとき，③債権者（買主）が他から履行を得ることが合理的にみて可能なとき，④当該債務者（売主）のみがなしうる性格のもの，⑤債権者（買主）が合理的期間内に請求しないとき，には履行請求を認めない（7.2.2条）。法廷地法が特定履行を認めている場合でなければ特定履行を認める判決をする必要はないとするCISG 28条のような立場はとっておらず，例外に該当しない限り裁判所は履行を命じなければならない（同条注釈2）。例外の③は，他から同じような物品を調達する代替取引ができる場合であり，売買契約の場合はかなりの場合がこれに該当することが考えられる。注釈の中でも，この非金銭債務の履行請求は売買契約以外の契約において特に重要であると指摘している（同条注釈1）。一方で，この履行請求権には，不完全な履行の修補，取り替え，その他の治癒を請求する権利を含むとしている（7.2.3条）。ただ，この条項も上記の五つの例外の場合には適用されない。

債務者（売主）には自らその不履行を治癒する（cure）権利つまり追完権が認められている（7.1.4条）。その治癒は，その旨の通知がなされ，適切かつ速やかに行われ，債権者（買主）にそれを拒む正当な理由がないことが必要である。これは，できるだけ契約を維持して経済的無駄を最小限に抑えるという法政策と信義誠実の原則を反映したものでありCISG 48条に対応するものである（同条注釈1）。治癒が実行されているときには，債権者（買主）は，履行と相いれない権利を行使できない（7.1.4(3)条）。これは，解除，代替取引，損害賠償請求，現状回復の請求などを指している（同条注釈7）。もっとも，治癒が行われても，債権者（買主）は，遅延または治癒によっても防ぐことのできなかった損害に対しては賠償請求することが認められている（7.1.4(5)条）。

債権者（買主）は，不履行の債務者（売主）に対して履行のための付加期間を与えることができる（7.1.5条）。上記の治癒権（追完権）が，債務不履行の側の当事者の権利であるのに対して，これは債務不履行の相手側が任意に与えるものである。これは，履行遅滞を他の不履行と区別するものであって，追完権の場合と同じく，商業上の利益という観点から，たとえ遅延してでも履行がなされる方がはるかに望ましい場合が多いという考え方から来たものであり（同条注釈1），CISG 47条に対応している。追完権の行使の場合

と同様に，付加期間中は，契約の解除や特定履行の請求はできない。

(5) PECL

非金銭債務の条項で特定履行を認めており，例外も含めてその記載はユニドロワとほとんど同じである（9-102条）。そのコメントでは，特定履行を例外的な救済手段とする英米法とこれを原則的な救済手段とする大陸法に対して，PECL は中間的な立場をとっていると解説されている。さらに，履行請求権を認める利点として，債権者（買主）が可能な限り契約で定めた通りのものを取得できること，損害賠償額の算定上の困難を回避できることなどをあげる一方で，大陸法諸国でさえ，履行請求を制限せざるを得ないことも指摘している。履行請求権には瑕疵のある履行の治癒を請求する権利（修補，不足分の引渡，代替品の引渡等）を含む点はユニドロワの7.2.3条に対応している。また，例外的に特定履行が認められないケースの一つとしてあげられている「被害当事者（買主）が他から履行を得ることが合理的にみて可能である場合」は上記のユニドロワの例外③であげられている代替取引を意味している。

売主による追完権は「不履行当事者による治癒」として8-104条に定められている。この規定は，引渡期日前の追完として，「履行期が未到来であるとき」（CISG 37条に相当）または引渡期日後の追完として，「履行の遅延が重大な不履行となるものでないとき」に，契約に適合した新たな提供をすることを認めている。重大な不履行かどうかの判断は，当該契約において履行期が重要な要素になっているかどうかによってなされるが，多くの場合には履行期は重要な要素になっていると考えられる。一般的に，この規定は引渡期日後の追完に関しては，CISG 48条，ユニドロワ7.1.4条よりも弱いと言えよう。

PECL においても，被害当事者（買主）が相手方（売主）に履行のための付加期間を与えることができるが（8-106条），この規定は，ユニドロワ7.1.5条と非常によく似ている。

4. 買主による解除

(1) 民法

　民法は契約の解除として，債務不履行に対する解除 (541条)，履行不能に対する解除 (543条)，定期行為 (契約の性質または当事者の意思からして，特定の日時または一定の期間内に履行をしなければ目的を達することができないもの) の履行遅滞に対する解除 (542条) を定めている。解除は通知 (意思表示) によって効力を生じる (540条)。ここでいう債務不履行は，基本的には履行遅滞を指すが，不完全履行で追完が可能な場合も含まれる。債務不履行による解除の場合には，催告が必要である。相当期間を定めて履行の催告をすることになっているが，期間を定めていなくても事実として相当期間が置かれれば構わないとされる。この催告は相手方に一定期間の猶予を与えることであり，実際には後述の CISG 等で定める付加期間とそれほど違うものでもない。一方で，履行不能の場合と定期行為の履行遅滞の場合には，履行自体がもはや不能か無意味であるため，催告することなく，つまり猶予期間を置くことなく解除できる。なお，すべての債務不履行に対して解除権が発生するわけではなく，契約上の中心的義務でなく信義則から発生する付随的義務の違反に対しては解除権が発生しないと考えられている。また，瑕疵担保の場合は，買主が瑕疵を知らず，そのために契約をした目的を達することができないときに買主に解除を認めている (570条)。これらの民法規定では，文言上は重大な不履行が解除の要件とはなっていない。

　一方で，債権法改正案においては，無催告解除と催告解除との二元的構成を堅持しながらも CISG の重大な不履行という概念を取り入れている (3.1.1.77条)。重大な不履行のある場合には無催告解除ができるとした上で，重大な不履行を「契約当事者の一方が債務の履行をしなかったことによって，相手方が契約に対する正当な期待を失った場合」と定義した。また，定期行為の不履行は重大な不履行にあたると明示している。さらに，履行の催告をした場合に，相手方がそれに応じないことが重大な不履行にあたる場合には解除ができるとしている。履行期に全く履行がなされず，さらに催告期間を徒過した場合には原則として重大な不履行にあたると解説されている。

(2) UCC

買主の救済方法一般の中に，他の様々な救済手段の一つとして解除が規定されている（2-711 条(2)(c)）。その要件としては，特に重大な不履行は要求されていない。

(3) CISG

売主の債務不履行によって買主が契約を解除できるのは重大な契約違反（fundamental breach）の場合に限定されているのが CISG の大きな特徴であり，この「重大な契約違反」は，「契約のもとで他の当事者が当然期待することができるものを本質的に奪うような損害をもたらす」ものと定義されている（25 条）。履行遅滞でも定期行為の場合は重大な違反と見なされようが，通常の遅滞では重大な違反とされる範囲は小さい。物品の契約不適合（不完全履行）の場合も重大な違反の立証は容易ではない。重大な違反でない場合には（また，実務的には違反が重大であるか不明の場合にも），上述の通り売主に対して契約履行のための付加期間を与えてその期間内に履行がない場合でなければ解除することはできない。この付加期間を与えることは，民法の催告解除と同様に，解除権を生じさせるために踏むべきプロセスともなっている。

また，解除権行使には通知が重要な要件となる。履行遅滞の場合には，買主が引渡を知ってから合理的期間内に，またそれ以外の場合には，買主が不履行を知った時から，付加期間が徒過したのち，または売主による追完を受け入れた時にはその期間を徒過してから合理的期間内に解除の意思表示をしなければならない。

49 条による買主の解除権と 48 条による売主の追完権との関係は複雑である。48 条の条文上は，「次条の規定が適用される場合を除くほか（subject to Article 49）」とされているため，追完権にかかわらず解除権が発生するようではあるが，見解は分かれている。売主に重大な不履行があった場合には買主に解除権が発生し売主は追完権を行使することができないが，その不履行の重大性の判断自体に売主による追完の可能性がからんでくるとする考え方が一般的である。これによれば，48 条(1)の条件を満たす形で追完をするこ

とが可能である場合にはそもそも重大な不履行とは言えないということになる。また，買主は売主の追完の申入を拒否することはできるが，重大な不履行でないにもかかわらずそうであると判断して解除の意思表示をしてしまうと不履行による法的救済を受けられないというリスクがある。

(4) ユニドロワ

ユニドロワでも契約の解除には重大な不履行が必要とされている（7.3.1 条(1)）。公式コメントでは，履行の遅延や欠陥がはなはだしくて債権者が意図した目的を達成できないことが考慮されるべきであるが，同時に，契約解除はそれまでに債務者が費やした費用が回収できなくなり債務者に深刻な不利益を与えることも考慮すべきとしている。不履行の重大性の判断の基準が列挙されており，参考となるので以下に示す（同条(2)）。①不履行が債務者が当然に期待できたものを実質的に奪うことになるかどうか（但し，債務者にその予見可能性がない場合を除く），②厳格な履行がその契約で不可欠であったのかどうか（例えば，納期の重要性等），③不履行が意図的または無謀なものであったかどうか，④将来の履行があてにならないと信じる根拠を与えているかどうか（例えば，継続契約や分割履行における初期の不履行の意味合い等），⑤解除の時に，債務者が準備や履行のための行為によって過剰な損失を被るかどうか。

債権者が与えた付加期間内に債務者が履行しない場合には債権者に解除権が発生する（同条(3)）。これに関しては，注釈（7.1.5 条注釈 2）では，付加期間が付与された時点ですでに履行遅滞が重大なものであった場合（それでも履行してもらった方が好ましいため付加期間を与えた）には期間満了とともに解除権が復活し，重大ではなかった場合には期間満了時に初めて解除権が発生するとしている。CISG の場合と同様，不履行が重大かどうかの判断が難しい場合には，付加期間の完了を待って解除する方が賢明である。

解除は相手方への通知で行われる。履行遅滞または不完全履行（不適合品の提供）の場合には，その履行を知りまたは知るべきであった時から合理的期間内に通知をしておかないと解除権を失う（7.3.2 条）。

(5) PECL

解除権については，①重大な不履行の場合，または②履行遅滞で不履行が重大でない場合に付加期間を与えてそれが徒過した場合（8-106条(3)），に発生するとしており（9-301条），CISGやユニドロワとほぼ同じ構成である。解除は通知によって行われる。不履行を知りまたは知るべきであった時（遅滞したまたは不完全な履行を受領した場合を含む）から合理的期間内に通知をしておかないと解除権を失う（9-303条）。

5．買主の義務と売主の救済

(1) 民法

契約上の買主の義務は代金の支払と引渡の受領である。代金支払義務に関しては金銭債務の特則があり，損害賠償額は法定利率または約定利率によること，損害の証明が不要であること，不可抗力をもって抗弁とできないことが定められている（419条）。

一方で，引渡の受領義務に関しては，債権者が債務の履行を受けることを拒みまたは受けることができない時は遅滞の責任を負うとされている（413条）。しかし，この受領遅滞の法的性質に関しては議論があり，債権者に受領義務はないとする説[30]と，受領義務があり債権者の債務不履行となるという説[31]がある。受領義務がないとの説は，そもそも債権者は受領の権利を持つものの義務は持たないとし，413条の責任は義務違反がないところに認められた法定責任であると考える。従って，債務者としては，せいぜい履行遅滞の責任に問われないというだけであって，解除権や損害賠償請求権は認められないことになる。一方で，受領義務を認め債権者の債務不履行であ

---

30) この立場に立つ判例としては，最判昭和40年12月3日（民集19巻9号2090頁）。また，似たような立場で，信義則上の義務と考えたり，附随義務と考えたりする考え方もある。

31) この立場に立つ判例としては，最判昭和46年12月16日（民集25巻9号1472頁）。ただし，この判例は特定の取引に関してのみ受領義務を認めたという解釈もなされる。

るとする説によれば，解除権と損害賠償請求権が認められることになる。

債権法改正案においては，買主は目的物の受領義務を負うとした（3.2.1.35条）上で，買主（債権者）がその義務に違反した場合には，売主（債務者）は解除権，損害賠償請求権を持つと定めた（3.1.1.88条）。

(2) UCC

買主による債務不履行は，不法な受領拒絶や支払不履行を含むと明記しており，その際の売主の救済として，物品引渡の留保や停止，物品の取戻し，解除，転売（カバー）と損害の回復，その他の損害賠償等が列挙されている（2-703条）。

(3) CISG

買主の義務として，代金の支払とともに引渡の受領を明記している（53条）。このうち代金支払義務は買主の義務の中核をなすものであるが，代金の支払自体だけでなく支払を可能にするような契約または法令に従って必要とされる措置をとり必要な手続を守ることも含まれる（54条）。具体的には，信用状の開設や送金許可を取得することなどがこれに相当する。国際取引においては買主が契約で要求されている信用状を期日までに開設しないことも起こり得る。信用状開設は買主の信用状況を全面的には信頼できない売主にとって極めて重要なことであり，期日までに信用状を開設することは買主の先履行義務であると考えられている[32]。一方で，引渡受領義務の内容としては，引渡を可能とするために合理的に期待されている全ての行為を行うことと実際に物品を受領することを明記している（60条）。これに関連する買主による義務違反としては，FOB の際の船舶手配の遅延や，相場の下落時における引取り拒絶などが考えられる。

CISG は，買主の契約違反に対して売主が請求できるものを一般的に列挙する（61条）中で，履行請求権（62条），付加期間の付与（63条），解除（64条），損害賠償（74条以下）などをあげている。英米法系では，物品が買主に引き

---

32) 神戸地判昭和 37 年 11 月 10 日（判時 320 号 4 頁）。

渡されていない場合には，代替取引で解決するのが合理的であるという考え方から，代替取引が可能である限り代金支払請求権を認めない傾向が強い。しかし，CISG のもとでは，売主は転売の努力をしないで代金支払を要求できる。これに関連して，代金支払請求が特定履行請求と見なされるのかどうかについて争いがある。これが見なされると解釈するなら，英米法系のように法廷地が特定履行を認めていない場合には 28 条が適用されて，代金支払を命じる必要はないということになる。一方で，これが見なされないと解釈するならば 28 条は適用されないことになり，法廷地が特定履行を認めていない場合でも代金支払を認める必要が生じてくる[33]。付加期間の付与は，買主の救済としての 47 条と対応するものである。売主による解除に関しては，買主による解除（49 条）と同様に重大な契約違反の場合に限定されている（64 条）。支払期日の徒過が重大な結果をもたらすような場合でなければ，単なる支払期日の徒過では重大な違反とは見なされないことが多い。買主の救済の場合と同様，重大な違反であるかどうかの判断が難しい場合には，付加期間を設定してその徒過の後に解除する方が無難である。

(4) ユニドロワ

弁済期にある金銭債務はいつでも請求することができ，裁判所による履行強制ができる（7.2.1 条とその注釈）。売主のための救済は，原則として買主のための救済と同じであって，解除のためには重大な不履行がなければならない（7.3.1 条）。

(5) PECL

債権者は履行期が到来した金銭の支払を請求することができる（9-101 (1) 条）。売主のための救済は，原則として買主のための救済と同じであって，

---

[33] この議論に関しては，新堀聰『ウィーン売買条約と貿易契約』105 頁（同文舘出版，2009 年），甲斐道太郎・石田喜久夫・田中英司・田中康博編『注釈国際統一売買法 II』（法律文化社，2003 年）参照。

解除のためには重大な不履行がなければならない (9-301 条)。

6．危険の移転

(1) 民法

民法では危険負担を，双務契約の一方当事者がその責めに帰すべからざる事由によってその債務を履行できなくなった場合に，相手方の債務もまた消滅するのかどうかという問題としてとらえている。つまり，ここでは前者の債務は，それが履行できなくなった時点で当然消滅しているという前提に立っている。具体的な規定としては，特定物に関しては相手方の債務は消滅しないとしており (534 条)，消滅した債務の債権者が負担を被ることから債権者主義と呼ばれている。つまり，特定物の場合には引渡がなくても危険は債権者（買主）が負担することとなる。一方で，不特定物の場合は相手方の債務は消滅するとしており (536 条)，消滅した債務の債務者が負担を被ることから債務者主義と呼ばれている。物品の売主をA，買主をBとした場合に，売買の対象物が落雷などの天災地変で滅失した時には，Bの代金支払債務は，特定物であれば残り不特定物であれば消滅することになる。さらに，不特定物の売買の場合にはその物が確定した（つまり，特定物になった）時点から債務者主義が適用されるとしている (534 条(2))。債務者主義を原則とし，債権者主義は例外とされるが，条文上からすれば例外の範囲は大きい。しかし，引渡前に目的物が滅失した場合にも代金支払義務が残るという考え方には違和感が強い。学説は，双務契約における両当事者の債務はお互いに牽連性を持っていることからしても，また両当事者の公平性の見地から見ても，その一方が消滅すれば他方も消滅させるべきであることから債権者主義には批判的であり，その範囲は狭く解釈すべきであるとしている。実務的には，債権者主義と異なる合意を特約として入れて処理することが多い。

債権法改正案においては，後述のCISGの立場を容れて，危険負担制度を廃止し解除制度に一本化することとした (3.1.1.85 条)。現民法の，反対債務の存続か自動消滅かという議論を止めて（つまり形の上では債務は存続するとしたうえで），債権者（買主）が意思的に判断する解除制度に委ねること

にしたと説明される。ここでは，当然に，重大な不履行の有無という判定に従うことになる。

(2) UCC

英米法系における危険負担の考え方は，滅失・毀損の生じたときの所有権者が危険を負担するという考え方が中心のようであるが[34]，UCC では，引渡の時に危険が移転すると規定する (2-509 条)。運送人を使った発送が要求されている場合には，物品が適正に運送業者に引き渡された時点で，物品を移動しないで引渡を行う場合には，権利証書が受領された時点で，それ以外の場合には買主が物品を受け取った時点で損失の危険が買主に移転するとされている。

(3) CISG

CISG においては，民法と異なり，物品の滅失・毀損の場合でも債務は消滅していないという前提に立ち，全てを危険の移転の概念でとらえる。危険の移転前の滅失・毀損の場合は，売主の引渡義務が存続し，売主が代替品調達などによってこの義務を履行できない場合には債務不履行になると考え，危険の移転後の毀損・滅失の場合は売主は引渡義務を履行済みであり買主の代金支払義務が存続すると考える。これをもとにして，具体的な場合ごとの危険負担の移転時期について規定している。運送を伴う契約の場合には，物品を運送人に引き渡した時点で (67 条)，運送中の物品の売買の場合には，契約締結時点で (68 条)，それ以外の場合には買主が物品を受け取った時点で (69 条) 危険が買主に移転するとされている。また，売主が重大な契約違反を行った場合には，たとえ危険が買主に移転した後においても買主は売主による契約違反による救済を受けることができる (70 条)。なお，現実には，多くのケースでインコタームズによる引渡条件が採用されており，その場合には本条の適用はない。一般的に最もよく使われる FOB，CIF，C&F の場合には，船積港において物品が本船の船上で引き渡されたときに危険が移転

---

34) 松坂佐一『民法提要・債権各論』43 頁 (有斐閣，1986 年)。

する。

第5節　両当事者の義務に共通の事項

　売主買主それぞれに特有の義務やそれに対する救済に加えて，両者に共通の事項がいくつか考えられる。

1．損害賠償一般

(1)　民法

　日本の民法における債務不履行に対する損害賠償の範囲は，通常生ずべき損害および特別の事情によって生じた損害のうちで当事者が予見したか予見することができたものとされている（416条）。この立場に似ていてよく引き合いに出されるのが1854年にイギリスの裁判所で出された判例であって，英米契約法の損害賠償に関する基本原則と言われているハドレイ・ルールである。このケースでは，製粉工場で蒸気エンジンのシャフトが折れて工場が操業停止となった。これを修復するためには，遠くの機械工場まで届けてそれを型にして新しいシャフトを作る必要がある。工場では，シャフトを至急送る必要があることと，工場が操業停止していることを伝えて運送会社に配達を委託した。しかし，運送会社のミスで運送が遅延したことにより工場の操業開始が遅れたため，工場側は操業停止の延長日分の得べかりし利益を損害賠償として請求した。これに対して，控訴裁判所は，賠償を認めた原審を否定して新たな審理を命じた。その論理は，損害賠償の範囲は，①公平かつ合理的に見て契約違反から当然に生じると考えられるものまたは，②合理的に見て，契約時に当事者が契約違反から生じる可能性が高いと考えたもの，であるとして本件では，運送遅延が操業停止につながる特別の事情が運送会社に知らされていないと判示した[35]。

　債権者による代替取引は日本でも可能とされているが，そのためには契約の解除が必要というのが一般的な解釈である。また，民法では損害賠償額の

予定ができることも定められており、裁判所はその金額を増減できないとしている（420条）。

債権法改正案においては、通常損害と特別損害の枠組みを使わないで、契約に基づくリスク配分を基礎にして賠償範囲を決定するという立場をとっており（3.1.1.61条）、この考え方に基づいたルールとして予見可能性のある損害の賠償を請求できるとしている（3.1.1.67条）。また、代替取引の規定も置いて、債務不履行後に物品の価格が上昇した時にはそれを予見すべきであった場合にはその騰貴価格によって賠償額を算定できるとし（3.1.1.70条）、債務不履行後に債権者が合理的な代替取引を行った時には代替取引の額を賠償する物品の価格とするとしている（3.1.1.71条）。なお、損害賠償額の予定に関しては、その金額が生じた損害に比べて過大である場合には合理的な額まで減額することができるとした（3.1.1.75条）。

(2) UCC

UCCは、損害賠償に関しては、カバー（買主による代替品の調達、売主による当該商品の他への販売）を中心にしながら買主の救済と売主の救済を区別して、詳細かつ具体的な規定を置いている。カバーを行う時には善意で、不合理な遅滞なく行わなければならない。なお、売主の救済一般の規定では再販売（resale）を解除と別建てで規定しており（2-703条(2)の(f)と(g)）、また同様に、買主の救済一般の規定ではカバー（代替商品の調達）を解除と別建てで規定しているため（2-711条(2)の(c)と(d)）、カバーを行うためには契約の解除が不要であることは明らかである。さらに主たる損害に加えて、付随的損害として、出荷停止、輸送、保管、検査、カバー等のための合理的費用が、また、結果的損害として、一般的または特別の要求や必要性で契約時に一方当事者（債務不履行者）が知るべきであったもので、カバーによって回復できないものがあげられている（2-710条、2-715条）。

買主によるカバーに関しては、売主の不法な引渡不履行または履行拒絶の

---

35) Hadley v. Baxendale (1984) 9 Ex.341,156 Eng.Rep.145,『英米法判例百選第3版』224頁。

場合あるいは買主の正当な拒絶または正当な受領取消の場合には，買主はカバーを行うことができるとする（2-712条）。この場合の買主が損害賠償請求できるのはカバーの費用（これにプラスして付随的損害と結果的損害，マイナスするのは節約できた費用）とされている。つまり，カバーによって高価で買わざるを得なかった金額と契約価格の差額となる。また，カバーを行わない場合に買主が売主に損害賠償請求できるのは，①売主の不法な引渡不履行の場合あるいは買主の正当な拒絶または正当な受領取消の場合には，引渡時の市場価格と契約価格の差額（プラスマイナスは同上）(2-713(1)(a)条)，②売主の履行拒絶の場合には，買主が売主の拒絶を知った時から合理的期間経過後の市場価格と契約価格の差額（プラスマイナスは同上）(2-713(1)(b)条)，③買主が商品を受領してその不具合の通知をした場合には，売主の契約違反から通常生じる損害つまり受領した商品の価値とその本来あるべき価値との差額（プラス付随的損害と結果的損害）(2-714条) となる。

一方で，売主による損害賠償請求のケースであるが，買主による違反の最も核心である代金不払の場合に売主が損害賠償請求できるのは，①買主によって受領された商品または危険負担が買主に移転後に滅失または毀損した商品の価格（付随的損害をプラス），②売主がカバー（再販売）しようとして再販売できなかった時にはその商品の価格（付随的損害をプラス）とされている（2-709条）。これに対して，売主によるカバーに関しては，売主は当該商品または未引渡の残りの部分を再販売できるとして，カバーを行った場合に，安くしか売れなかったカバー価格と契約価格との差額（節約できた費用を控除）を損害賠償請求できるとする（2-706条）。また，上記のいずれでもない場合に売主が買主に損害賠償請求できるのは，①買主による不受領の場合には，引渡時の市場価格と契約価格の差額（これにプラスして付随的損害と結果的損害，マイナスするのは節約できた費用）(2-708(1)(a)条)，②買主による履行拒絶の場合には，売主が買主の拒絶を知った時から合理的期間経過後の市場価格と契約価格の差額（プラスマイナスは同上）(2-708(1)(b)条)，③もし上記2例の損害賠償額が不適切である場合には，買主が完全に契約を履行していたならば売主が得ていたであろう利益（付随的損害をプラス）(2-708(2)条) ということになる。

なお，損害賠償の予定に関しては，予定されたまたは違反から生じた実際の損害，損害の証明の困難さ，その他の方法で適切な救済を得ることが難しかったり現実的でなかったりすることなどの事情に照らして合理的な範囲でのみ認められるとしている（2-718 条）。

(3) CISG

CISG は損害賠償に予見可能性の考え方を唯一の基準として採用しており，損害賠償額は，違反当事者が違反から生じ得べき結果として，契約締結時に知っていたか知っているべきであった事実および事項に照らして，予見していたか予見すべきであった額を超えることができないとする（74 条）。通常損害と特別損害という区別は採用していない。損害賠償の範囲としては得べかりし利益も含む全部賠償であることを明記している。CISG においても UCC に見られるカバー（代替取引）の考え方が取り入れられている。契約解除の後の妥当な期間内に買主が代替物を購入したり，売主がその物品を売却したときの損害賠償の額は，契約代金と代替取引における代金の差額（プラス予見可能性のある損害）であるとする（75 条）。代替取引は合理的な方法で合理的な期間内に行わなければならない。この代替取引の前提として「契約が解除された場合には」とされているので，代替取引を行うためには契約の解除が必要であると考えられている。一方で，当事者がこの購入や売却つまり代替取引を行わない場合には，損害の算定に時価の概念を取り入れ，契約代金と解除時の時価の差額（プラス予見可能性のある損害）を損害と認定している（76 条）。この規定の適用もやはり契約の解除を前提としている。また，この 75 条と 76 条は損害賠償一般の規定である 74 条の特則をなしており，これらが適用されない場合またはそれらで補填されない損害がある場合には 74 条が適用される。損害賠償の予定に関する条項は定められていない。

(4) ユニドロワ

損害賠償の基本は得べかりし利益も含む全部賠償である（7.4.1 条, 7.4.2 条）。損害の発生は将来のものであっても合理的な程度の確実性をもって証

明されたものに関しては認められる (7.4.3 条)。ユニドロワも予見可能性を重要な基準として採用しており，契約締結時に予見しまたは合理的に予見可能であった損害に関してのみ責任を負うとしている (7.4.4 条)。求められる予見可能性は損害の性質や種類に関するものであって，その程度に関するものではない。また，故意重過失による債務不履行の場合にも予見可能性を不要としていないことが注釈で明記されている。

ユニドロワにおいてもカバーの考え方が明記されており，CISG 75 条に対応するものとして，債権者（不履行をしていない当事者）が合理的期間内に合理的な方法で代替取引を行った場合には，契約価格と代替取引の価格の差額を損害として請求できるとしている (7.4.5 条)。この損害額は最低限のものであり，追加的な損害を被った時にはそれについても賠償請求できる。一方で，債権者が代替取引を行わない場合に関しては，CISG 76 条に対応するものとして，時価が存在する時には契約価格と解除時の時価の差額を賠償請求できるとする (7.4.6 条)。追加的損害に関しても代替取引のある場合と同様である。代替取引がある場合もない場合も，この条項の発動は契約の解除を前提としていることは CISG と同じである。また，損害賠償の予定については「不履行に対する支払の合意」として認められているが，実際の生じた損害およびその他の事情に照らして合意した金額が著しく過剰である場合には，この金額を合理的な額に減額することができるとしている (7.4.13 条)。

(5) PECL

損害賠償の一般的算定基準は，被害を受けた側を契約が履行されていたならば置かれたであろう状態に可能な限り近づける額であり，積極的損失および得べかりし利益である (9-502 条)。また，合理的に見て発生が見込まれる将来の損害も含む (9-501 条)。PECL においても予見可能性が最も重要な基準となっており，不履行当事者が契約時にその不履行から生じる結果として予見し，または合理的に予見することができた損害についてのみ責任を負うとする (9-503 条)。しかし，CISG やユニドロワと異なり，PECL においては，不履行が故意または重過失の場合には予見可能性が不要であるとする例外規定が置かれている。

カバーの規定も CISG，ユニドロワと似ている。被害当事者が合理的な期間内に合理的な方法で代替取引を行う場合には，契約価格と代替取引価格の差額について損害賠償請求することができる（9-506条）。一方で，被害当事者が代替取引を行わない場合で対象商品に時価が存在する場合には，契約価格と解除時の時価の差額について損害賠償請求することができる（9-507条）。いずれの場合も，その他の損害に関しても賠償請求することは可能であり，また両条の発動のためには契約を解除することが必要である。損害賠償の予定に関しては UCC，ユニドロワと似ている。まず損害賠償の予定を認めた上で，その予定金額が，生じた損害およびその他の事情に照らして著しく過大である場合には，合理的な金額まで減額することができるとしている（9-509条）。

2．損害軽減義務

(1) 一般

相手方の契約違反を理由に損害賠償を請求する当事者は，ただ漫然と損害を主張するのではなく合理的な範囲で損害を軽減するための措置をとる必要があり，それをしなかった当事者は軽減することができたであろう部分については損害を回復することはできない，という考え方は英米法における一般原則となっている。例えば，ある機械の売買が5万ドルで約定されているにもかかわらず国際的な価格の下落により買主が受領を拒否し，売主はその直後しばらくであれば4万5,000ドルなら他に売却できた（カバー，代替取引）にもかかわらずこれを怠り，6ヶ月もたってから4万ドルで売却したような場合には，売主の損害は1万ドルでなく5,000ドルであると認定されることになる。これは売主買主の双方の義務である。

一方で，この損害軽減義務の考え方は過失相殺または寄与過失（被害者による損害の惹起）の考え方と重なってくる部分がある。PECL 9-505条（損害の軽減）のノートによれば，フランス法では損害軽減義務そのものは知られていないが，これとある程度類似した帰結が，過失の一般的準則（過失相殺）を適用することにより導かれているとする。また，両制度をその基礎を

同じくするものとして同じ条文の異なる項で扱って，同じような帰結を導く法制度としてドイツやイタリアがあげられている[36]。

(2) 民法

民法の過失相殺の規定（418条）から明示的に損害軽減義務を読みとることはできないが，学説上は損害軽減義務を認めるべきとするものが見られる[37]。判例もまだこの原則を認めたものはないが，その考え方が含まれているような判例はいくつか見られる[38]。

債権法改正案においては，債権者が合理的な措置を講じていれば発生または拡大を防ぐことができた損害については賠償額を軽減することができるとして，損害軽減義務を正面から認めている（3.1.1.73条）。これは，現民法418条を踏襲した上で損害軽減義務を認めたと説明されており，418条の改正という形で提示されている。

(3) UCC

UCCには明確に損害軽減義務を定めた条文はないが，この考え方はもともと英米法上の原則である。カバーは不履行で被害を被った債権者の権利であるが，それは同時に義務でもある。カバーの考え方がいきわたっている米国においては，損害賠償の範囲は，カバーまたはその他の方法によって合理的に回避できなかった損害に限ると考えられている。

(4) CISG

CISGは損害軽減義務を正面から認めて，違反から生じる損失を軽減するためその状況で合理的な措置をとらなければならず，それをとらなかった場

---

36) オーレ・ランドーほか，前掲注10），472頁。同様の説明が，内田貴「強制履行と損害賠償」『法曹時報』42巻10号6頁（1990年）にも見られる。内田教授は，民法が損害軽減義務を明示していないことを，民法がフランス法に由来していることとの関係で説明する。
37) 内田前掲注36），26頁。
38) 東京地判昭和34年7月22日（判時195号19頁）。

合には違反当事者は損害賠償から軽減されるべき損失を減額することができるとしている (77条)。合理的な措置をとればいいのであって過大な費用や労力をかけてあらゆる措置をとらなければならないというわけではない。ただ，相場の動く商品とか季節商品とかの場合は十分注意して行動する必要がある。

(5) ユニドロワ

ユニドロワは，まず「債権者に部分的に帰せられる損害」と題して過失相殺の条項 (7.4.7条) を置く。さらに，これとは別にこれに続く条文として，債務者は債権者の被った損害につき債権者が合理的な措置を講ずることにより損害を軽減しえた限度において賠償の責任を負わないとして，債権者の損害軽減義務を明記している (7.4.8条)。また，債権者は損害軽減のために合理的に費やした費用を請求する権利があるとしている。

(6) PECL

PECL もユニドロワとほぼ同様の条文構成であり，まず「被害者に帰すべき損害」と題して過失相殺の条項 (9-504条) を置く。これとは別にこれに続く条文として，不履行当事者は被害当事者が被った損害につき被害当事者が合理的な措置を講じていればその損害を軽減できた限度において責任を負わないとして，債権者の損害軽減義務を明記している (9-505条)。その時点で合理的と思われる措置を講じた結果，実際には損害が拡大してしまった場合には全ての損害が賠償の対象となると説明されている。また，被害当事者は損害軽減のために合理的に費やした費用を請求する権利がある。

3．履行期前の違反 ——不安の抗弁権——

(1) 民法

契約には履行期があり，それ以前には債務不履行は発生しない。しかし，契約相手方の履行期における不履行が明らかな場合（履行を明確に拒絶している場合など），あるいは信用不安などの理由で履行が危ぶまれるような場

合にも契約の履行を進めなければならないとすれば公平に反する。日本の民法ではこのような場合における履行の拒絶を認める規定はないが，いわゆる不安の抗弁権として論じられており，通説はこれを認めている。商品の継続的売買取引において，前の出荷に対する代金未払の場合や買主に信用不安がある場合に，売主が先履行義務である出荷を停止しても債務不履行にならないという形でこれを認めた判例もあるが，逆に信用不安を客観的に裏付けるものがないとして債務不履行と認定された判例もある[39]。ただ，認められた場合でも，あくまで履行を差し控えるための抗弁として利用できるだけであって，契約解除まで踏み込んで認めているとは言えない。

また，商品相場の急激な変動などで売主または買主が契約の履行を拒絶しているような場合に，契約を解除し機動性をもって代替取引を行って損害を軽減することも困難であろう。

債権法改正案では不安の抗弁権を明示して，相手方の信用不安に伴う資力不足その他両当事者の予期できなかった事情により反対債権の履行ができなくなる具体的な危険が生じたことを理由に，自己の債務の履行を拒むことができるとした（3.1.1.55条）。また，相手方が弁済の提供や相当の担保の提供をした場合には拒否できないこととなる。改正案は，これを同時履行の抗弁権と同様に債権者の抗弁権と構成しており，この抗弁権があるときには，たとえ履行の留保をしていても，相手方の損害賠償請求権や解除権が発生しないことを明記している（3.1.1.63条，3.1.1.78条）。しかし，後述のUCC，ユニドロワなどと異なり，解除権を認めるには至っていない。

(2) UCC

英米法系の国においては，履行期前に契約違反が明確に予期できる場合を anticipatory breach と構成して，履行の停止と解除を正面から認めている。UCCにおいては，相手方の義務の履行に合理的な不安が生じた場合には，他方当事者は履行についての十分な保証を要求することができるし，その保

---

[39] 不安の抗弁権が認められた例として，東京地判平成2年12月20日（判時1938号79頁）。認められなかった例として東京高判昭和56年2月26日（判タ444号91頁）。

証を受け取るまでは自己の履行を停止することができる (2-609条)。そして，その相手方がその要求を受領した後から 30 日を超えない合理的な期間内にその保証を与えない場合には，履行の拒絶をしたものと見なされる。さらに，その相手方が期限の到来していない履行を拒絶し（前述のように保証を与えない場合も含む），それが他方当事者にとって契約の価値を著しく害するような場合には，売主買主それぞれの救済手段一般 (2-703条，2-711条) で示されたすべての救済を与えられるとしており (2-610条)，この救済手段には解除権と損害賠償請求権が含まれる。

(3) CISG

CISG も，相手方が義務の実質的な部分 (substantial part) を履行しないことが明らかになった場合には他方当事者は義務の履行を停止できるとする (71条)。履行しないことが明らかになる理由としては，相手方の履行能力または信用上の著しい欠陥および履行の準備または履行における相手方の行為があげられている。ここでの相手方の不履行の程度は解除要件である「重大な契約違反」よりも低いと考えられている。この履行停止権は，相手方が十分な保証を提供した場合には行使できなくなる。一方で，履行期到来前に相手方の重大な契約違反 (fundamental breach) が明らかな場合には，他方当事者は契約の解除ができる (72条)。ここでいう違反の蓋然性は 71 条の場合よりも高いことが必要である。また，時間が許す場合のみという限定つきではあるが，相手方に適切な保証の提供の余地を与えるために合理的な通知をしなければならないとする。ただし，相手方が不履行の旨を意思表示している場合には，この通知は不要である。このような履行期前の違反に対する救済は，相手方の信用状態に不安がある場合だけでなく，商品の国際相場の騰落によって契約義務の履行を免れたいと考える相手方の態度に対しても有効な武器となる。

(4) ユニドロワ

ユニドロワにおいても，「履行期前の不履行」として，履行期前に相手方の重大な不履行が起こることが明白である場合には他方当事者は契約の解除

ができるとしている（7.3.3 条）。これは CISG の 72 条に対応するものである。たとえ将来の不履行を疑う十分な根拠があったとしても，疑いがあるというだけでは不十分であり，また，その不履行は重大なものでなければならないとされている。一方で，CISG の 71 条に対応するものとしては，相手方の重大な不履行が起こることを信じるにつき合理的理由を持つ当事者は，相手方にその適切な履行に対する相当な担保を要求でき，その間は自己の履行を留保できるとしている（7.3.4 条）。ただ，この条文では，CISG の 71 条から進んで，合理的な期間内に担保の提供がないときには，それを要求した当事者は契約の解除ができるとしている。この条文は，注釈によれば，相手方の不履行を信じるに合理的な理由はあるが，履行の可能性または履行能力を有する可能性も残っているために，7.3.3 条を主張できない当事者の利益を保護するものとされている。従って，相手方の信用不安の場合はこちらを使うことになろう。

(5) PECL

相手方の不履行が履行期前から明白である場合に関しては，もし実際にその不履行が発生した場合にその違反が解除権を生じさせるような重大なものであるかどうかによって条文を使い分けている。まず，履行期到来時に相手方が一般的な不履行に陥るであろうことが明白な場合については，同時履行の抗弁権と同じ条に規定をおいて，履行留保権を与えている（9-201 (2)）。これは，CISG 71 条，ユニドロワ 7.3.4 条に該当する条文である。一方で，同様のケースで相手方当事者が陥ることが予想される不履行が重大なものである場合には，履行留保権に加えて解除権が発生する（9-304 条）。相手方に履行の意思や能力がないことが明白でなければならず，CISG 72 条，ユニドロワ 7.3.3 条に該当するものである。

PECL はまた，9-304 条にリンクする規定として，履行の担保についての条文をおく（8-105 条）。これによれば，相手方が履行期に重大な不履行に陥ると信じる合理的な理由があったとしても，ひょっとしたら履行されるかもしれないために 9-304 条の利用をためらうような場合に備えて，履行が行われることに対する相当な担保を要求することができると定める。そして，そ

の間は自らの履行を留保することができるのであって，また，その担保が提供されない場合には，解除権が発生するとされている。本条は，不履行が重大なものでなくともよい 9-201 条にはリンクしていない。

4．履行障害の免責 ——不可抗力——

(1) 一般

　契約の当事者がその義務を履行することができないがそれが自らの責任と言い難い場合の免責は，履行不能 (impossibility)，実行不可能 (impracticability)，目的の達成不能 (frustration)，不可抗力 (force majeure) などと呼ばれる問題である。ただ，それぞれの態様は異なり，またそれぞれのもつ意味合いや扱いは大陸法と英米法，英米法の中でも英法と米法，各種の国際契約原則の中で少しずつ異なっている。この中で，不可抗力というのは，天災地変，戦争，内乱，政府による輸出入禁止，ストライキなどの当事者のコントロールの及ばない事象によって債務の履行が不能になったり遅延したりすることを呼ぶのが通常である。以下の項で，各契約原則での扱いを述べるが，各国法や国際契約原則における扱いが異なっているので，国際契約においては不可抗力による免責を明記しておくことが当事者にとって大切である。また，不可抗力によって履行不能等の事象が発生して免責を求めるのはほとんど売主であるため，売主の側が十分な不可抗力条項を挿入するよう主張するのが通例である。なお，契約の記載と例文に関しては第 1 章を参照されたい。

(2) 民法

　民法の考え方では原始的障害による履行不能は契約無効とし，債務者に責任のない後発的不能については危険負担の問題ということになる。ここでは，もともと債務不履行に関して債務者の帰責事由が必要であるため，不可抗力の事象による不能や遅延はすべて債務不履行を構成しない。そのため，特に不可抗力を論じる必要はないし，また，日本法を準拠法とする契約書に不可抗力による免責を入れる必要はないことになる。民法上は，不可抗力と

いう用語は 419 条 3 項で，金銭債務の不履行に対する損害賠償については不可抗力をもって抗弁とすることができない，という形で表れてきており，これを反対解釈すると非金銭債務においては不可抗力が免責事由となることになる。これに関して学説上は，債務不履行に関わって債務者に帰責事由がないこと（無帰責事由）と不可抗力を同一視する説（通説）と不可抗力の方を狭く解する説とがあるようである[40]。

債権法改正案においては，上述の通り，契約において債務者が引き受けていなかった事由により債務不履行が生じた時には，債務者は賠償責任を負わないとして免責事由を定める（3.1.1.63 条）。ここでこのような規定をしたのは，過失無過失の議論を避けて，契約におけるリスク配分を債務者の免責の基準としたと説明される。一方で，民法 419 条 3 項の金銭債務の特則については，近時のヨーロッパ各国の立法例で絶対無過失責任を採用した国はないという理由で削除された。具体的な局面は大災害のような場合に限られるが，そのような場合でも特別法の制定なしで対応できると説明されている。

(3) イギリス法

一般的に英米法系では，契約履行は無過失責任であることおよび契約は守らなければならないとの考え方があることから，契約義務履行全般について免責の範囲は非常に狭いと言われている。特にイギリス法の方が厳格なようである。後発的履行不能に関する初期の判例である軍隊駐留ケース（1647年）では，不動産の賃貸借契約で，当該不動産が一定期間外国の軍隊の駐留によって使えなかったにもかかわらず，その間の賃料の支払が免責されなかった[41]。また，その後免責要件が緩和された例としての劇場焼失ケース（1863年）では，劇場の賃貸借契約で，履行前日に貸主の責任なく劇場が焼失したので貸主の免責を認めた[42]。こうした判例の蓄積の中で形成されてきたイギリス法理論においては，当事者の支配の及ばない事象の発生によって

---

40) 北川善太郎『債権総論第 2 版』110 頁（有斐閣，2000 年）。
41) Paradine v. Jane
42) Taylor v. Caldwell

後発的に契約の履行が困難となった場合を総称してフラストレーション（frustration ＝挫折）と呼んでいる。この概念の中には，上記の判例のような絶対的履行不能のみならず，突発事態の発生により契約の履行に莫大な費用がかかってそのままの形での契約の履行が現実的でないケースや，本来の契約目的が消滅し契約の履行が無意味になったようなケースも含まれる。前者の例としては，スエズ運河閉鎖ケース（1962年）が頻繁に引用される最も有名なケースである。スーダンからCIFハンブルグ条件で落花生を販売する契約締結後に，エジプトとイスラエルの軍事衝突によってスエズ運河が閉鎖された。輸送ルートは合意されていなかったがスエズ運河が想定されており，喜望峰ルートでは輸送の時間も運賃も大幅に膨むことになりCIF条件のため売主に損害が発生することになる。この状況で判決は，喜望峰ルートの利用は可能であり契約に根本的な変化はないとして売主のフラストレーションの主張を認めなかった[43]。後者の例としての国王の戴冠式ケース（1903年）においては，国王の戴冠式を見物するために道路に面した部屋を借りる契約をしていたところ，国王の病気により戴冠式が中止になった。部屋の賃貸借という契約自体の履行は物理的には可能ではあるが，借主にとっては何の意味も持たなくなったとして賃料支払義務が免責された[44]。このように，イギリスのフラストレーション理論を説明するために紹介される判例は少なくない。

(4) アメリカ法とUCC

アメリカ法も契約の履行に関する免責の厳しさにおいては基本的にはイギリス法と同じ系譜にあるが，免責の要件はより緩和されていると言われている。ただ，アメリカ法の用語と概念はイギリス法とやや異なっているので注意する必要がある。アメリカ法では，後発的履行不能（impossibility）の理論は，履行が不可能ではないが費用や困難性が劇的に増大するいわゆる実行困難性（impracticability）の理論の中に吸収されている。実行困難性が認め

---

43) Tsakiroglou & Co. v. Noblee Thorl GmbH
44) Krell v. Henry

られるためには，契約の履行を困難にする後発的事象が発生すること，そのような事象が発生しないことが契約の前提にあること，当事者の過失なくその事象が発生したこと，当事者がそのリスクを引き受けるような特約や特別の状況がないことがあげられている。また，このアメリカ法の実行困難性理論の中には，impossibility と impracticability に加えて，契約を履行してももはや無意味であること，つまり，目的の達成不能・目的の消滅のケースも含まれている。アメリカ法ではこの部分がフラストレーション（frustration）と呼ばれているため，フラストレーションという用語の米英での使い方の違いに注意する必要がある。

UCC においては，偶発的事件や内外の法規制によって売主の本来の履行が実際的ではなくなった場合（impracticable）には売主の不履行や遅延は債務不履行とはならないと明記されている（2-615(a)条）。もっとも，免責を受けるためには，その事象が予期できなかったことおよびその事象の発生が契約締結の基本的条件であることまたは内外の政府の規制や命令に従ったために不履行となったことが必要となる。ただ，実際のビジネスでは両当事者がそれぞれリスクを取り合って取引を行うため，裁判所や仲裁法廷がこれらの事象も売主によって引き受けられたリスクの一つと考えて免責を認めない可能性は十分にある。なお，売主は，履行の遅延または不履行が発生する旨を遅滞なく買主に報告する義務を負っており（2-615(c)条），この通知を受けた買主は，その不履行が契約全体の価値を実質的に害する場合には，契約を解除することができる（2-616条）。

(5) 大陸法

フランスの理論は，履行不能等による免責は原則として認めない厳しい態度をとっている。ただ，絶対的履行不能に関してはそれを発生させた事象が予見不可能であることなどの一定の要件を満たせば免責されるが，その要件は厳しくなっている（不予見理論）。

ドイツでは，伝統的に，契約の基礎にある事実の喪失が契約に影響を与えるとの考え方から行為基礎論として論じられてきている。

(6) CISG

　CISG は債務不履行を一元化してとらえるとともに過失責任主義を排除している。この考え方を前提として，履行の絶対的不能，履行の実行困難性，契約目的の達成不能の事態をまとめて「障害（impediment）」という用語でとらえて，そこでの当事者の免責（exemptions）を包括的に定めている（79条）。免責の要件としては，①不履行が自らの制御を超えた（beyond his control）障害に起因することおよび，②その障害が契約時に考慮に入れることが期待できなかったか，または，その障害や結果の回避あるいは克服が合理的に見て期待できなかったこと，をあげている。契約の履行のために第三者を使用している場合には，その当事者および当該第三者の両方に上記の条件が当てはまらなければ免責を受けることができない。当該当事者は，その障害が継続する限り不履行の責任を負わない。また，不履行に陥った当事者は，合理的な期間内に相手方に対して，その障害と，それが自己の履行能力に及ぼす影響について通知しなければならない。

(7) ユニドロワ

　ユニドロワの規定の内容は，CISG の規定とよく似ているが，タイトルには「免責」ではなくて，一般的に最もよく使われる「不可抗力（force majeure）」を使っている（7.1.7 条）。不履行からの免責を得るために債務者が証明しなければならないのは，①不履行が自己の支配を超えた（beyond its control）障害に起因するものであること，②その障害を契約時に考慮しておくこと，またはその障害や結果を回避あるいは克服することが合理的に見て期待できなかったことであり，CISG とほぼ同じとなっている。障害が一時的である時には，それが契約の履行に及ぼす影響を考慮して，合理的な期間についてのみ免責の効力が及ぶ。履行できなかった当事者は，合理的期間内に，その障害およびそれが自己の履行能力に及ぼす影響を債権者に通知しなければならない。

(8) PECL

　PECL は不可抗力の免責については，用語は CISG と同じく「障害」を使

用している (8-108条)。その要件に関する規定は，CISGおよびユニドロワとほとんど同じである。また，債務者から債権者への通知の義務に関する規定もほぼ同じである。なお，UCC，CISG，ユニドロワ，PECLのすべてに関して，不可抗力の通知の書面性は明文では要求されていない。しかし，立証の問題があるので通知は書面で行うべきである。契約書の不可抗力条項では書面による通知を要求することが多い。

PECLにおいて他の原則と若干異なる規定としては，履行の遅延が重大な不履行になる場合には，債権者はこの遅延を重大な不履行として扱うことができるとしている点である。なお，コメントにおいて，ここでの免責が金銭債務を含むあらゆる債務に適用されることが明記されている。

5．事情変更の原則とハードシップ

(1) 民法

不可抗力で扱われている事象のうちで，履行が不能になっていたり契約目的達成が不可能となったりしているわけではないが，契約締結時の事実関係が大きく変化してそのまま履行させることが困難か著しく公平や均衡を欠くような場合（実行困難性——impracticability——に近いケースが多い）に，契約の解除または契約の変更を認める考え方を事情変更の原則という。日本では民法に規定はないものの，これを認める学説が少なくない。事情変更の原則は，契約締結後において，契約にあたってその基礎とした事情，とくに経済事情の激変によって，契約内容のままにその効力を維持することが著しく不当となり，かつ，それが当事者の予想外のことであるならば，契約内容の変更，または契約の消滅を認めるということであると説明される[45]。その論拠としては信義則があげられることが多い。ここで，事情変更の原則が適用される局面として，インフレ等による貨幣価値の急激な変動，需給関係の変動等による相場や国際価格の急激な騰落などが想定されているようである。一方で，判例は不動産事案等において事情変更による契約の解除を認めたも

---

45) 水辺芳郎『債権各論』61頁（三省堂，2003年）。

のはあるが[46]、全般的に学説よりは慎重な態度をとっていると言えよう。

　債権法改正案は、通説を取り入れて事情変更の原則を正面から認めている。事情変更の原則の働く要件としては、①当事者の利害に著しい不均衡を生じさせ、または契約目的の実現を不可能にする重大なものであること、②当該事情の変更が契約締結後に生じたこと、③両当事者にとって予見しえず、その統御を越えていること、があげられている（3.1.1.91条）。ただ、この要件の中に、後述のユニドロワで見られるような、当事者がリスクを引き受けていないことが含まれていないのは問題であろう。また、その効果としては、再交渉を求めることができ、相手方はこれに応じて、再交渉は信義誠実の原則に従って行われるものとする（3.1.1.92(1)〜(3)条）。さらに、改正案はここから一歩踏み込んで、交渉不成立の場合に、裁判所に契約の解除を求めたり、改定案を示して契約の改定を求めたりすることができるとしている（甲案と乙案あり）。また、再交渉の申出を行っている当事者には、相手方の履行請求を拒絶する抗弁を認めている（3.1.1.93条）。

　インフレ等による貨幣価値の変更の場合は当事者がそのリスクを引き受けているかどうかは疑問であるため、事情変更の原則で救済することが合理的な場合もあろう。しかし、価格が相場の変動の影響を受けやすいような商品の売買において、売主が将来の下落のリスクをヘッジするために長期価格を定めたり、買主が将来の高騰のリスクをヘッジするために長期価格を定めたりする場合は、ビジネスマンとして諸条件を考慮したうえでリスクをとって契約を結んでいるわけであって、このような場合にも窮地に陥った当事者を救済することは必ずしも適切ではないと考えられる。そのためにも債務者がリスクを引き受けていないことは重要であり、それが入っていない改正案の枠内で判断するならば、国際取引のプロフェッショナルである当事者は国際相場の極端な変動に関しては予見可能性があるという判断をする必要が出てくる。

---

46) 仙台高判昭和33年4月14日（下民集9巻4号666頁）。

(2) UCC と CISG

米国では，このような局面はすべて実行困難性（impracticability）の理論の中に吸収されると考えられるので，UCC でも，上述の 2-615 条において不可抗力の免責と合わせて扱われることになる。

CISG においても，事情変更の原則のために特別の条項は用意されていないが，上述の履行障害の免責（79 条）の条項は絶対的履行不能のみを扱っているとは読めないので，事情変更の原則とハードシップもこの中で扱われていると考えることができる。

(3) ユニドロワ

ユニドロワは，事情変更の原則をハードシップ（hardship）という形で規定している。まず契約の履行が当事者の一方にとってより負担の大きいものとなっても債務を履行しなければならないという原則を述べた上で（6.2.1 条），ハードシップの定義とその効果について極めて詳しく規定している。まずハードシップの定義を，ある事象が生じたために当事者の履行の費用が増加し，または受領する価値が減少し，それによって契約の均衡に重大な変更がもたらされることとした上で，その要件として，①その事象が生じ，または不利な立場に陥った当事者がそれを知るに至ったのが契約締結後であること，②その事象が，不利な当事者が契約締結時に合理的に考慮しうるものではなかったこと，③その事象が不利な当事者の支配を越えたものであること，④その事象のリスクが不利な当事者によって引き受けられていなかったこと，をあげている（6.2.2 条）。ユニドロワの注釈によれば，契約の均衡の重大な変更に関しては，履行の費用の 50％ 以上の増加，または受領する価値の 50％ 以上の減少が「重大」にあたることが多いとされている。また，事情の変更が徐々に生じた場合でも，その緩慢な事情変更が最終的にハードシップにあたるようになることもあるとされている。さらに重要なのは当事者がリスクを引き受けていないという要件であって，明示のリスク負担のみならず，投機的なリスク負担，また投機的とは言えなくても，長期継続的売買において相場変動を見越した契約を締結したらその見込みが外れた場合なども，ビジネス常識からすれば当事者を救済するにあたらないということが

できる。

　一方，仮にハードシップの要件を満たしたとしても，「ハードシップの効果」(6.2.3条)として相手方に要求されているのは，まずは誠実に再交渉のテーブルにつくことである。相手方にただちに実際の価格やその他の条件の変更に応じる義務が発生するわけではない。また，再交渉を要請したこと自体は，不利な立場に立った当事者に履行の留保の権利を与えるものではない。しかし，合理的な期間内に当事者の交渉で合意ができない場合には，当事者は裁判所の判断を求めることができる。この条項によって合理的な範囲で裁判所がとりうる措置には，契約の解消および契約の均衡を回復させるための契約の改定がある。契約の解消は，当事者の債務不履行による解除とは異なり，裁判所の定める期日および条件による解消となる。契約の改訂に関しては，裁判所が当該事象によって発生した損失を両当事者に公平に分配することを目指すことになる。ただ，価格が相場の変動の影響を受けやすいような商品の売買において，売主が将来の下落のリスクをヘッジするためにあるいは買主が将来の高騰のリスクをヘッジするために長期価格を定めたりする場合は，ビジネスマンとして諸条件を考慮したうえでリスクをとって契約を結んでいるわけであって，これが安易に変更されることはむしろ公平の見地から問題であるし，また，はたしてこういった分配を裁判所が正しく行うことができるのかについても疑問が残る。

　なお，注釈では，契約の解消も改訂も適切ではなく，裁判所が，再交渉を指示するか，現状維持を確認するか以外に解決法がないこともありうることを明記している。

　　(4)　PECL
　PECLにおいては「事情の変更」のタイトルのもとにハードシップ条項を置いている (6-111条)。内容はユニドロワとよく似ているが，若干異なる点について触れておく。事情の変更の結果として，ユニドロワに定めるような履行の費用の増加，受領する価値の減少，契約の均衡への重大な変更に触れることなく，単に，履行が著しく負担の大きいものになった場合としているが，実質的な違いはあまりないと考える。むしろ，ユニドロワで示した四要

件のうちで，その事象が不利な当事者の支配を越えたものであることが含まれていない点が気にかかる。予見不可能性とリスクをとっていないという要件でカバーされているという考え方かもしれないが，要件として明記するべきであろう。さらに，交渉開始義務に関して，「契約を改定または終了するという目的で」という点は言い過ぎである。また，裁判所は，当事者の一方の信義則に反する交渉拒絶または破棄によって相手方が被った損害の賠償を命じることができると明記されている。

(5) 契約条項

不可抗力が当事者の支配できない突発的な事象の発生に関して当事者を免責するものであるのに対して，ハードシップは（突然というわけではない）状況の変化によって，よく考えれば予想できなくもなかったような事態が発生した場合に，当事者間の公平のバランスをとろうとするものである。つまり前者の趣旨と効果が明確であるのに対して，後者にはどうしても曖昧さが残ってくるし，はたして公平な結果が得られるのかどうかは疑問である。従って，契約上，不可抗力条項がほとんどの契約に入ってくるのに対して，ハードシップ条項が使われるケースは少ない。

また，この他に，長期売買契約で契約締結後の原材料・労賃・運送料・保険料の値上げを見込んで，一定の計算式によって契約価格を変更するエスカレーション条項を入れることがある。物価スライド条項とか価格調整条項とも呼ばれるが，これはハードシップ条項と異なり契約の変更を明示的に合意したものである。また，為替の急激な変動によるリスクを調整するために，為替が一定幅を超えて変動した場合（例えば，契約時に1ドル100円であったレートが，90円を超える円高になったり110円を超える円安になったりした場合）に価格を調整する為替条項は比較的よく使われている。

第6節 貿易条件

　売主の義務の一つである引渡の手段およびそれに関連する費用負担や危険負担に関してはインコタームズ（INCOTERMS）によって定められた条件が利用されることが多い。このような定型取引条件としてはもともとFOBやCIFなどが広く使われていたが，国によって解釈が異なるため，国際商業会議所（ICC）が1936年にインコタームズという形でこれらの定型取引条件の解釈の統一を図った。その後何回かの改訂を経ているが，最新版は2010年改訂のインコタームズ2010である。インコタームズが慣習法と言えるかどうかについては意見の相違が見られる[47]。歴史的に数多くの国際取引で当然のように使われてきているのは確かであるが，インコタームズ自体がそれを適用する場合には明示で援用する必要があるとしている。インコタームズ2010には，売主の営業所（または倉庫）から出発して船積港，荷揚港を経て買主の営業所（または倉庫）にいたる過程での売主と買主の義務と費用負担や危険負担を詳細に示した11種の貿易条件が示されているが，これらはあらゆる輸送手段に使用できる七つの条件と海上・内陸水路輸送専用の四つの条件とに分かれる。

　これらのうちでE類型（EXW）は工場渡が基本であり，最も売主に近いところで引渡が行われ，売主にとってその義務が最小となる条件である。F類型は本船渡が中心であるが，引渡は売主の領域で行われるため積地条件である。C類型は引渡条件としてはF類型と同じであるが，運送と保険の契約の手配およびその費用（運送のみの場合と運送と保険両方の場合がある）が売主負担となる点のみが異なる。D類型は売主が買主の領域まで運送してから引渡を行う揚地条件であり，最も買主に近いところで引渡が行われる。

　この中で実際の取引で最もよく利用されているのがFOB, C&F（CFRは

---

47) 肯定説は，絹巻康史『国際取引法（新版）』160頁（同文舘出版，2004年），ただしFOB/C&F/CIFのみ。否定説は，北川・柏木，前掲注9），61頁，松岡博編『国際取引法』29頁（法律文化社，1996年），高桑昭『国際商取引法第2版』90頁（有斐閣，2006年）。

インコタームズの 11 の引渡条件

あらゆる輸送手段に適した規則（輸送手段が複数になるものを含む）			
E 類型	EXW	Ex Works（工場渡）	売主指定の工場・倉庫で引渡。
F 類型	FCA	Free Carrier（運送人渡）	売主が輸出／通関手続後，指定場所で買主指定の運送人に引渡。
C 類型	CPT	Carriage Paid To（輸送費込）	売主が運送契約・輸出／通関手続後，指定場所で運送人に引渡。運賃は売主負担。
	CIP	Carriage and Insurance Paid To（輸送費保険料込）	売主が運送契約・保険契約・輸出／通関手続後，指定場所で運送人に引渡。運賃・保険料は売主負担。
D 類型	DAT	Delivered at Terminal（ターミナル持込渡）	売主が輸出／通関手続・運送完了後，指定仕向港または仕向地の指定ターミナルで引渡。
	DAP	Delivered at Place（仕向地関税抜持込渡）	売主が輸出／通関手続・運送完了後，仕向地の指定場所で引渡。
	DDP	Delivered Duty Paid（仕向地関税込持込渡）	売主が輸出／通関手続・運送完了・輸入／通関手続後，輸入国内の指定場所で引渡。
海上および内陸水路輸送のための規則			
F 類型	FAS	Free Alongside Ship（船側渡）	売主が輸出／通関手続後，指定船積港の買主指定の本船船側で引渡。
	FOB	Free On Board（本船渡）	売主が輸出／通関手続後，指定船積港の買主指定の本船上で引渡。
C 類型	CFR	Cost and Freight（運賃込）＝ C&F	売主が海上運送契約・輸出／通関手続後，本船上で引渡。海上運賃は売主負担。
	CIF	Cost, Insurance and Freight（運賃保険料込）	売主が海上運送契約・保険契約・輸出／通関手続後，本船上で引渡。海上運賃・保険料は売主負担。

実務では C&F と呼ばれることの方が多い）および CIF である。FOB と CIF（C&F はそのバリエーションと考える）では，売主が船積義務を負っており本船上で引渡が行われ，その時点で売主の義務が完了し危険が移転する点では全く同じであるが，その違いは船舶と保険の手配と費用負担をどちらが行うかにある。CIF においては，船舶の手配と海上運送料の負担の義務，およ

び海上保険の手配とその負担の義務はすべて売主にある。一方で，FOB においては，これらの義務はすべて買主にあることになる。また，C&F はこの中間で，船舶の手配と海上運送料の負担の義務は売主にあるが，海上保険の手配とその負担の義務は買主にある。ただ，注意すべきは，CIF において売主が費用を負担すると言ってもその費用は価格に含まれてくるわけであり，決して売主にとって不利な条件というわけではないし，同様に FOB が買主にとって不利な条件というわけでもない。例えば横浜港からサンフランシスコ港まで運送される場合，FOB では運送料と保険料が含まれない価格が FOB 横浜と表示され，CIF サンフランシスコではそれが含まれた価格が表示されているわけである。この意味からすれば，FOB，C&F，CIF は引渡条件であると同時に価格条件として使われていることがわかる。また，FOB 条件では買主が船舶を手配して船積日等を売主に通知するわけであるが，船積は売主の義務であるため売主が船舶を手配した方が便利なケースも多く，買主の依頼に基づいて売主が手配して運賃も立て替えることがよく行われている。なお，国内陸上輸送の多いアメリカでは FOB が異なった意味に使われることがあるので注意が必要である[48]。

　従来から最も頻繁に使われている FOB，C&F，CIF の条件では，2010 年版以前のインコタームズにおいては伝統的に，引渡と危険の移転は貨物が本船の欄干を通過したときになされるとされてきた。これは伝統的に貨物が起重機で吊り上げられて本船に積み込まれる状況を想定しているものであるが，現代の海上運送はほとんどがコンテナ船を使ってコンテナヤードで船積が行われるようになってきている。そのため，貨物の欄干通過という概念が現実的でなく時代遅れとなっているとの批判が多かったことを考慮して，2010 年改訂では欄干の通過（本船の手すり = ship's rail）を削除した。その代わりに，単に「本船の船上に貨物を置く」とされたが，これに加えて，貨物が買主の手元に届く前に転売が行われるいわゆる洋上売買に対応するために，「または既にそのように引き渡された貨物を調達する」と規定された。また，最近は航空輸送の比重も飛躍的に増えてきているが，これらの条件は

---

[48] 通常の FOB に近いものは FOB vessel である。

航空輸送には適さないことも考慮して，FAS も含めた四条件は海上または内陸水路輸送のための規則とされている。ただ，実際にはコンテナヤードで引渡が行われることが多いので，FOB，C&F，CIF よりも，運送業者の指定場所（陸上）で運送業者に引渡を行う FCA，CPT，CIP 条件の方がそれぞれに対応する実情に合っており，ICC は以前からこれらの条件を使用するよう推奨してきている[49]。つまり，船舶の手配義務と海上運送料の負担および海上保険の手配義務とその負担という観点からすると，FCA が FOB に，CPT が CFR（C&F）に，CIP が CIF に対応している。ところが，現実にはいつまでたってもこれらの条件があまり使用されず，今でも FOB，C&F，CIF の使用頻度が圧倒的に多くなっている。これは，伝統的にこの三条件が最も頻繁に使われてきて商慣習のようになっており，それで何の不都合も起こっていないことが理由であると思われる。

一方で，D 類型は仕向地の港ないしは買主の指定場所で引渡が行われ，売主がそこまでのすべての責任を負う条件であって，積地条件に対して揚地条件と呼ばれるものである。このうち，DAT では埠頭，倉庫，コンテナヤード，道路，鉄道，航空貨物ターミナル等の「ターミナル」において，荷おろしされて買主の処分に委ねられた時に引渡が完了し，DAP では指定目的地において荷おろしの準備ができておりその状態で買主の処分に委ねられた時に引渡が完了する[50]。また，DDP では，引渡は DAP と同じながらも，売主が通関と関税の支払義務を負っている。つまり，DDP が売主にとってその義務が最大となる条件である。

どの当事者にとってどの条件が有利かを見てみると，CIF では売主に運送と保険の手配の義務があるわけであるが，売主としてはむしろこれを自らのコントロール下に置くことによってコストとロジスティクスの面から事業を

---

49) これらの条件はインコタームズ 1990 で発表された。なお，以前にあった FOB Airport は FCA に吸収されることになった。
50) インコタームズ 2010 では，インコタームズ 2000 に含まれていた DEQ（Delivered Ex Quay ＝埠頭持込渡）は DAT となり，DAF（Delivered At Frontier ＝国境持込渡），DES（Delivered Ex Ship ＝本船持込渡）および DDU（Delivered Duty Unpaid ＝仕向地関税抜持込渡）は DAP に統合された。

有利に展開することができる。また，買主に運送と保険の手配の義務がある FOB においてはその逆のことが言えよう。さらにこの考えを進めると，国際的なロジスティクスの面からすれば，貨物が売主の倉庫や工場から出荷されてから買主の倉庫や工場に搬入されるまでの過程を統括してコントロールできる E 類型や D 類型が最も効率が良いと考えられる。倉庫や物流の管理を外部フォワーダーなどに委託する場合はなおさらである。特に，国際物流にそれほどの社内資源を振り向けられない中小企業や国際貿易取引に不慣れな者にとっては，この部分をすべて信頼のおけるフォワーダーに任せて，自らは本来の業務に専念することができる。そのためには，EXW や DDP が最も適していると言えよう。現実に世界的に見ると E 類型や D 類型が使用されているケースも少なくなく，今後も増えていく傾向にあると考えられている[51]。なお，インコタームズにおいては，所有権の移転に関しては定められていない。

第 7 節　貨物の運送

1．国際海上物品運送の種類と国際ルール

(1)　海上運送と国際ルール

売買された商品は売主から買主のもとへ運送されることになるが，国際的な物品の運送の形態は基本的には陸上輸送，海上輸送，航空輸送に分かれる。国際売買では，貨物を安価で大量に運送するのに優れた海上運送が，古くから国際物品運送における主役の地位を占めてきた。一方で，軽量で高価な物品に関しては航空運送が適しており，近年の航空機の飛躍的な発達によってその運送手段としての地位は次第に大きくなってきた。また，陸続きの地域での運送は鉄道運送やトラック運送などの陸上運送手段も有力である。実際の運送はこれらの複数の手段を結びつけて行うものがほとんどであり，近年

---

51) 亀田尚己・小林晃・八尾晃『国際商取引入門』53, 67 頁（文眞堂, 2004 年）。

ではコンテナを使用することによっていくつかの運送手段を結びつけてセットで請け負う複合運送が重要な地位を占めるようになってきている。

海上運送による物品の運送を引き受ける契約を海上物品運送契約という。基本的な契約形態は請負であり，請負人つまり海上運送人は原則として船会社である。これに対して運送を依頼する側は荷主である。海上物品運送の形態としては，大きく分けて，海上運送人が複数の荷主からそれぞれ必要な量の貨物の運送を引き受けて定期船で運送する「個品運送契約」と，特定の荷主から大量の貨物の運送を引き受けてその貨物の運送に適した不定期船を手配してその船腹の全部または一部を貸し切って運送する「傭船契約」に分かれる。

個品運送契約においては，運送人は不特定多数の荷主から別種類の貨物の運送を引き受けるので，条件の画一化のために約款の内容はどうしても定型化してくる。一方で，運送人と荷主との力関係では運送人が強い場合が多く，歴史的に運送人の免責条項を多く含んだ運送人に有利な約款が使用されることが多かった。こういった状況の中で基本的に運送人の側に立ちながらも両者の利害を調整する形で1924年に締結されたのが「船荷証券に関するある規則の統一のための条約」（通称，「ハーグ・ルール」）であり，貨幣価値の変動やコンテナ輸送への対応などを盛り込んだその後の修正と合わせてハーグ・ウィスビー・ルールと呼ばれている。世界の主要な海運国はハーグ・ウィスビー・ルールを使用しているが，主として荷主国である発展途上国を中心としてこの体系への批判が起こり，運送人の責任を強化した「1978年国際連合海上物品運送条約」（通称，「ハンブルグ・ルール」）が採択された。ハンブルグ・ルールは発展途上国を中心とした国々による批准を受けて1992年に発効している。このように二つのルールの並存し錯綜する国際状況の中で，世界有数の海運国であるわが国はハーグ・ウィスビー・ルールを批准しており，これを受けて国際海上物品運送法が制定されている。

UNCITRAL が作成し 2008 年に国連総会で採択された国連国際物品運送条約（通称，「ロッテルダム・ルール」）は現時点では未発効であるが，将来の発効が予想される。このルールの特徴は，運送契約の船積港と荷揚港が異なった国にあり，かつ内陸の発地と着地も含めてその一つでも締約国にあれ

ば，運送契約中の前後の内陸輸送区間にもこの条約が強行適用されることである。また，運送人の堪航能力義務が海上航海中も継続すること，航海上の過失免責を廃止したこと，提訴の除斥期間を2年としたことなど，ハーグ・ウィスビー・ルールとそれを受けた国際海上物品運送法よりも運送人の責任を重くしている。

(2) 国際海上物品運送法の内容

船積港または陸揚港が日本以外にある運送（いわゆる外航船による運送）にのみ適用され，国内の海上運送には適用されない（1条）。また，ハーグ・ウィスビー・ルールと異なり，船荷証券を発行しない運送契約，例えば傭船契約にも適用される。

運送人は，運送品の受取，船積，積付，運送，保管，荷揚，引渡の各作業工程において注意義務を負い，それに反して運送品に滅失，毀損，延着をきたした場合には損害賠償責任を負う（3条1項）。過失責任であるが，運送人の側で無過失の立証責任を負っている（4条1項）。

運送人は一定の場合に免責を認められている。まず，航海上の過失，つまり船長，海員，水先案内人，その他運送人の使用する者の航行もしくは船舶の取り扱いに関する行為から生じた損害については賠償責任を負わない（3条2項）。運送人はいわゆる商業上の過失についてのみ責任を負うわけであるが，実際上は両者の区別が難しい場合も多い。航海，船舶の扱いに関するものか積荷に関するものかが判断基準となるが，疑わしき場合には商業上の過失になるとされている。ハンブルグ・ルールではこの免責は認められていない。船舶における火災については，運送人の故意過失によるものを除いて免責事由となっている（3条2項）。その他にも，海上に特有の危険（海水・暴風・衝突・座礁・沈没など），天災，戦争，暴動，内乱，海賊行為，差押，検疫上の制限，荷主側の行為，ストライキ，海上における人命や財産の救助行為やそのためにする離路，運送品の特別な性質や隠れた瑕疵，運送品の荷造または記号の表示の不完全，起重機などの隠れた瑕疵といった特別免責事由が定められている（4条2項）。

運送人は船舶を航海に堪える能力（堪航能力）を持つ状態におく義務を負

う（5条1項）。具体的には，船舶を航海に堪える状態におき，船員を乗り込ませ，船舶に必要な装備・補給を行い，運送品を積み込む場所をそれに適した状態にすることである。義務を負う時期は船積開始のときから発航までである。運送人の側に無過失の立証責任が課せられている（5条2項）。なお，ハンブルグ・ルールでは堪航能力に関する責任への言及がなく，運送人には発航時点にとどまらずその責任期間のすべてにわたって堪航能力を維持する義務があるものと解されている。

運送人の注意義務に関する規定（一般規定，堪航能力その他を含む）に反する規定で，荷主や船荷証券所持人に不利益なものは無効となる（15条1項）。運送人が免責約款を濫用して荷主や船荷証券所持人の利益を不当に害することを禁止するものである。運送人に有利と評価されながらも運送人の最低限の責任を確定しようとするハーグ・ウィスビー・ルールの核心となる規定である。なお，運送人に不利益な特約は有効である（15条2項）。

運送人の損害賠償額には一定の限度が設定されている（13条1項）。これは損害賠償の定型化とあわせて運送人を巨額の賠償責任から保護しそのリスクを予見できるようにするものであるが，同時に運送人が免責特約でこれ以上の責任軽減を図ることを封じている。運送人の故意による行為または損害の恐れがあることを認識しながらした無謀な行為によって生じた損害については，損害賠償の定型化と限度に関する規定の適用はなく，運送人は一切の損害を賠償しなければならない（13条の2）。なお，運送人の故意や無謀な行為の存在の立証責任は荷主が負う。

運送人の責任には除斥期間（運送人の責任を追及できる期間）が定められており，運送人の責任は運送品の引渡日から1年以内に裁判上の請求がなされなければ消滅する（14条1項）。運送人の契約責任の減免の規定は運送人の不法行為に基づく損害賠償責任にも準用される（20条の2第2項）。

2．船荷証券

(1) 船荷証券の意義と内容

荷主と運送人の間に運送契約が成立して貨物の受取または船積が行われた

ときに，運送人から荷主に発行されるのが船荷証券（Bill of Lading, B/L）である。船荷証券は，貨物の受取または船積を証明するとともに，陸揚地において正当な証券の所持者に対して貨物を引き渡すことを約束した有価証券である。貨物の売買代金の決済は荷為替手形で行われることが多く，船荷証券は決済のための船積書類の重要な一部を構成している。船荷証券の性質または機能としては，①貨物が運送のために運送人に引き渡されたことを確認する受領証であること，②荷主と運送人との間の運送契約の証拠であること，③その所持人または裏書人に貨物の引渡を請求する権利を与える権利証書であることが説明されている。

　船荷証券の記載事項は法定されているため（7条1項），この意味において船荷証券は要式証券である。ただ，判例・通説によれば，船荷証券の要式性はそれほど厳格なものではなく，運送品や運送契約を特定できるほどの記載が券面上なされていれば，法定事項が一部欠けていたりそれ以外のことが記載されていたとしても無効とはならないとされている。船荷証券の記載が事実と異なる場合には（船荷証券の不実記載），運送人は善意の船荷証券所持者に対して事実と異なることを主張することができない（9条）。運送人は荷送人の通告に基づいて船荷証券の記載をするが（8条1項），荷送人はその通告が正確であることに担保責任を負う（8条3項）。

(2)　船荷証券の種類
①　船積船荷証券と受取船荷証券
　貨物が本船に積み込まれたことを確認してその旨を記載したものを船積船荷証券（shipped B/L または on board B/L）と呼び，運送人が単に貨物を受領した旨のみを記載したものを受取船荷証券（received B/L）と呼ぶ。後者も法的には有効であるが，実際に船積されたかどうかの証明がないので信用力が低く，信用状取引では銀行に買取に応じてもらえない。コンテナ積の場合には受取船荷証券が発行されるが（コンテナ船荷証券），実務では，船積完了後に受取船荷証券に船積の事実の記載（船積済の付記，on board notation）とともに運送人の署名を得て船荷証券に代える手続がとられている。

② 無故障船荷証券と故障船荷証券

船積の時点で貨物の個数や重量が疑わしいとか外観に異常が認められるとかの場合に，証券面上にその旨を故障摘要（remark）として記載したものを故障船荷証券（foul B/L）と呼び，何らの摘要も記載されないものを無故障船荷証券（clean B/L）と呼ぶ。前者は運送品が正常な状態にないことを示しているため，受取船荷証券と同様に信用状取引では買取に応じてもらえない。そこで実務では，荷送人が運送人に対して，この証券発行によって将来問題が起こっても運送人に責任を及ぼさない旨の補償状（letter of indemnity）を差し入れることによって，無故障船荷証券を発行してもらうのが慣行となっている。

(3) 船荷証券の効力と性格
① 債権的効力

船荷証券所持人は貨物の引渡を含む船荷証券記載の債務の履行を運送人に対して請求することができ，不履行の場合には損害賠償を求めることができる。

② 物権的効力

船荷証券はその所持人に品物の引渡を請求する権利を与える権利証券である。つまり船荷証券の引渡だけで運送品の引渡と同一の効力が生じる（商法575条）。船荷証券が発行されたときには，それと引換えでなければ運送品の引渡の請求はできず（受戻証券性・商法584条），運送品の処分も船荷証券によらなければならない（処分証券性・商法573条）。この結果，荷主は船荷証券の引渡によって運送中の貨物の転売や質入ができ，運送完了前の代金の決済が可能となる。

③ 指図証券性

船荷証券は法律上当然に指図証券とされる。指図式（order B/L）では荷受人が特定されないので，裏書された船荷証券の所持人が貨物の所有者と見なされる。具体的には，荷受人（consignee）の項目に To Order または To Order of Shipper の記載をし，荷送人が白地裏書をすれば，以後は引渡のみによる譲渡が可能となる。一方で，記名式で発行された場合でも裏書禁止の文言

がない限りは裏書による譲渡が可能である（商法574条）。しかし，この記名式船荷証券（straight B/L）では，特定された荷受人以外の者が船荷証券を持っていても貨物を持っていることにはならず流通性がないため，銀行にとっては担保となりえず銀行はその買取には応じない。従って，通常の荷為替信用状取引においては指図式船荷証券が使用される。

(4) 船荷証券の電子化

受戻証券性を持つ船荷証券はもともと本船よりも先に目的地に到着する前提で発行されている。しかし高速船の活用によって本船が早く到着しても船荷証券が未着であって，貨物が受領できないような事態が生じるようになった。これを解決するために実務では，荷受人が運送人に一切の迷惑をかけないとの保証状（letter of guarantee）を出すことによって船荷証券なしで貨物を受領するいわゆる保証渡しが行われているが，運送人にとってリスクが大きい。これを避けるために様々な手段が考えられており，その一つが後述の海上運送状の利用であるが，もう一つの方法が船荷証券の電子化である。これを主導するのが，貿易取引に関する書類作成を効率的に行うためにEUで組織されたボレロ（Bolero）である。ボレロは世界の主要金融機関の団体と海運業界各社の団体が出資して1998年に設立されたBolero International Ltd. が運営する中立的な機関であり，国際的貿易金融に関する手続書類を電子化するための企業間電子データ通信サービスを提供している。ここでは，ルールブックと呼ばれる一定の規則に従って船荷証券とその権利移転を電子的に管理している。

(5) 海上運送状（Sea Waybill）

船荷証券が運送人が荷主に発行するものであるのに対して，海上運送状は荷送人が荷受人に対して発行するものである。また，船荷証券は有価証券であるが，海上運送状は運送状一般と同様に荷送人から荷受人への連絡状にすぎず有価証券ではない。海上運送状は，船荷証券が持つ貨物の受取証としての性質と運送契約締結の証拠としての性質のみを持つものであり，流通性や受戻証券性を持たない。

海上運送状は記名式で発行され，その提出なしに貨物の引渡をすることができる。海上運送状には流通性がなく，航海中に貨物を転売・質入することができない。海上運送状は有価証券ではないため担保とならず，銀行としては手形の買取に応じにくい。従って，実際に海上運送状を利用できるのは，引越しの際などの自己の貨物の運送や社内取引・関係会社間取引のほかには，信用のおける相手との取引が中心となる。しかし，現実のわが国の輸出入相手企業は海外現地法人またはグループ企業であることが多い。そこではメーカーを中心としてむしろ海上運送状が通常の手段として利用され，さらに代金決済も信用状を使わないで行われており，貿易取引全般に占める海上運送状の割合は増大してきている。

3．国際航空物品運送

現代における航空機の発展は目覚しいものがあり，旅客はもちろん，貨物においても比較的軽量で高付加価値のものについては航空輸送が主力となっている。国際航空運送の分野においては，1929 年に「国際航空運送についてのある規則の統一に関する条約」（ワルソー条約）が締結されている。この条約は旅客と貨物の国際運送における運送人の責任について国際的な統一を図るために成立し，日本をはじめ世界の多数の国に批准され発効したが，その後の修正を経て現在は新改正ワルソー条約となっている[52]。これによれば，運送人は運送中に貨物に発生した破損・滅失・遅延などの損害について賠償責任を負う。航空運送には高度な専門的技術を要することから，ここでの運送人の過失は推定されることとなり，運送人の側に無過失の立証責任が課せられている。一方では，この重い責任との均衡をとるために，運送人の責任には限度額が設定されている。運送人がこれらの責任を免除したり，より低い限度額を設定したりしても無効である。

航空運送においては，荷送人が航空運送状（Air Waybill）を作成してこれ

---

52) なお，旅客については 2003 年 11 月に発効したモントリオール条約によって責任の限度額が撤廃されている。

を運送人に交付する。これは船荷証券ではなくて海上運送状に相当するものであって，受取式（received）でありかつ記名式である。航空運送状は船荷証券と異なり通常は流通性や有価証券性を持たないが，これは航空運送が迅速に行われるため運送中に証券を流通させる時間的余裕がないことによる。航空運送状も海上運送状と同様に，船荷証券が持つ貨物の受取証としての性質と運送契約締結の証拠としての性質のみを持っている。海上運送状よりは航空運送状の方が銀行による買取がよく行われている。

4．国際複合運送

　貨物運送のコンテナ化が進展するにつれて貨物を迅速・容易・安全かつ安価に運送できるようになったが，これに伴って異なる運送手段を組み合わせて通し運送をすることが可能となってきた。一人の運送人が荷主の要請に応じて海上，陸上，航空などの異なる輸送手段を組み合わせて積入地から最終仕向地までの運送を一括で請け負う形態を複合運送という。この場合には複合運送人が全区間の運送について責任を負い，荷主は複合運送人から一貫したサービスを受けることができることから非常にメリットが大きいため利用が増大している。近年では，自らは何らの運送手段を持たない者が全区間においてそれぞれ異なる運送人を下請として使用して荷主に対して全区間の運送を引き受けるというタイプのいわゆるフレイト・フォワーダー（freight forwarder）が全盛となっている。

　全区間一括で運送を任せている荷主の立場からすれば複合運送人の負う責任は極めて重要となってくる。現在の物品運送においては運送手段ごとに運送人の責任の範囲が異なっており，また複合運送として統一的な原則があるわけでもない。従って，各運送形態ごとの運送人の責任範囲についての法原則と複合運送人の責任との調整を図る必要が出てくる。

　これに関してはユニフォーム方式とネットワーク方式とがある。ユニフォーム方式というのは，運送品に対する滅失・毀損がどの運送区間で発生したかにかかわらず，単一の責任原則で運送人の責任を決定するものである。荷主からは運送人の責任の範囲が見えやすいので好都合であるが，複合

運送人と各区間を担当する運送人との間の責任分担の決定が困難であるため実務的には取り入れにくいとされている。一方でネットワーク方式は，各運送区間の運送人の責任についてはその運送区間を律する責任原則を適用し，運送品に対する滅失・毀損がどの運送区間で発生したかが特定できない場合には別途契約で定める責任原則を適用するというものである。実務においてはほとんどこのネットワーク方式が使用されているのが実情である。

第8節　国際的代金決済

1．貿易代金の決済の仕組み

　国際取引における代金の決済は現金の授受で行われることはほとんどないし，また異なる通貨の間で行われるのが通常である。また，国際取引においては貨物の運送に時間がかかるため，商品の引渡と代金の支払の同時履行を行うことができない。このため，代金の支払を行う時期をいつにするかによって売主・買主の利害が対立してくる。国際取引の決済には大別して，債務者である買主が売主に代金を送金する方式と債権者である売主が買主から代金を取り立てる方式とがある。国際的な決済では必ず銀行が介在してくるが，それぞれの銀行の間ではお互いに相手の信用力を認めた上で外国為替取引に関する取り決めを締結している必要があり，この契約をコルレス契約（correspondent agreement），相手の銀行をコルレス銀行という。

2．荷為替手形

　売主が代金を回収するためには商品を運送手段に託していることが必要であり，その証拠として運送人から運送証券（船荷証券，貨物受領証）を受領している。運送証券，特に船荷証券は受戻証券性を持つことから，買主が運送人から貨物を受領するためには船荷証券を呈示しなければならない。従って，売主は取立を行う場合には商業送り状や保険証券とともに運送証券を買

主に送付する必要がある。これらのいわゆる船積書類は別途売主から買主に送付することも可能ではあるが、銀行に取立を依頼して銀行から買主に為替手形を送付してもらうときに添付書類として一緒に送付してもらうのが通常となっている。このように運送証券を含む船積書類が添付された為替手形を荷為替手形という。今日の貿易取引の決済のうち多くの部分が荷為替手形によって行われている。

荷為替手形は船積書類の買主への引渡の条件によって二種類に分かれる。買主による手形の支払と引換に船積書類を引き渡す支払渡条件（Document against Payment：D/P）と、買主による手形の引受と引換に船積書類を引き渡す引受渡条件（Document against Acceptance：D/A）である。D/P手形は売主にとっては、代金を迅速に回収できる上に、支払がなされた上で船積書類を引き渡すわけであるから安全である。つまり、D/P手形は商品の引渡と代金の支払を同時履行の関係におくこととなる。一方でD/A手形では、買主が手形債務を引き受けたに過ぎないため同時履行とならず支払の確実性においてD/P手形より明らかに劣るが、買主からすれば支払までに一定期間の猶予があることになり有利である。

ところで、荷為替手形を利用して取立を行うにしても売主の側から見れば商品の船積を完了したにもかかわらず代金を受け取れない。この問題を解消するために売主は銀行に手形を買い取ってもらって代金を回収することになる。荷為替手形の買取は手形の割引であり、また、銀行による売主への与信行為であり金融の一形態と言える。

3．信用状

(1) 信用状の意義

荷為替手形は売主、買主、銀行の間の利害を調整するシステムであるが、銀行から見れば買主の債務履行とその信用状態に不安があるため通常は手形の買取には応じられない。そこで買主による手形の引受と支払を買主の取引銀行が確約することによって、売主と買取銀行の懸念と不安を除去して取引と決済の安定を図る仕組みが荷為替信用状である。買主の依頼に基づいて買

主の取引銀行が発行する荷為替信用状（Letter of Credit：L/C）は，一定の条件が満たされれば支払を行うというその発行銀行の受益者に対する確約であり，今日の貿易取引から生じる代金決済においては最も多く利用されている。ただ，信用状の開設にはコストがかかるため，企業の海外現地法人との取引には電信送金（telegraphic transfer：T/T）が使われるのが通常である。さらに最近では第三者取引においても，貿易保険が付保されている場合はもちろん，そうでない場合でも相手の十分な信用力が確認できる場合には，D/P，D/A，または T/T が使われるケースが増えてきている。

(2) 信用状の仕組み

荷為替信用状の発行手順（図1）は次の通りである。①売買契約の決済を信用状で行うことが合意されるとまず，②買主がその取引銀行（発行銀行）に売主を受益者とする信用状の発行を依頼する。③発行銀行は，発行した信用状の受益者への通知を受益者所在地の銀行（通知銀行）に依頼し，④通知銀行はその依頼を受けて売主である受益者に通知する。⑤売主は信用状を入手することにより支払の確約を得たことになり，貨物の船積を行って船荷証券を受領する。⑥売主は発行銀行または買主を支払人とした為替手形を振り出し，信用状の記載に合致する船積書類を添えて自らの取引銀行（買取銀行）に手形の買取を依頼する。⑦買取銀行は船積書類が信用状の記載に合致していることを確認した上で手形の買取に応じる。⑧買取を行った銀行は発行銀行に対して荷為替手形と船積書類を送付して支払を求める。⑨発行銀行は買主に手形を呈示して，⑩その支払を受け，⑪それと引き換えに船積書類を買主に渡す。⑫銀行間決済が行われる一方で，買主は運送人に船積書類を呈示して貨物の引渡を受ける。

(3) 信用状統一規則と当事者間の法律関係

信用状の国際的な統一規則としては，1933年に国際商業会議所（ICC）において「荷為替信用状に関する統一規則および慣例（Uniform Customs and Practice for Documentary Credits：UCP）」が採択されており，現行のものは2007年の改定版（UCP 600）である。信用状統一規則は民間機関によって作

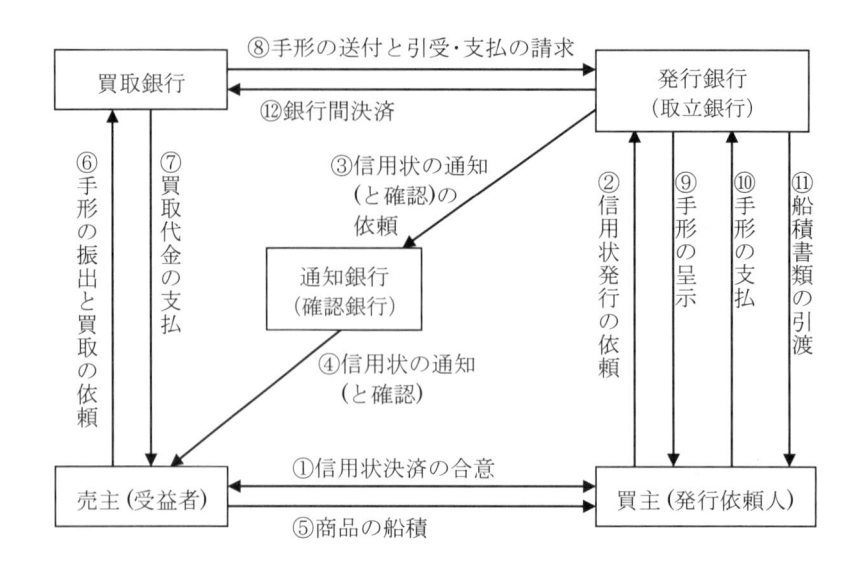

図1 荷為替信用状による決済

成された規則であって，法律や条約のような普遍的な拘束力をもつものではない。従って，統一規則においても，個別の信用状の本文に統一規則が盛り込まれることを条件として信用状に適用されるとしている。ICC は信用状統一規則を採択した銀行はその旨を ICC に報告するよう求めている。この報告には，ある国のすべての銀行が採択する一括採択と，各銀行が個別に採択する個別採択とがあるが，わが国においては全国銀行協会連合会が一括採択を行っている。信用状統一規則は現在世界中で，銀行を初めとする貿易，運送関係者によって広く採択され利用されている。

　信用状は，代金支払債務を負う買主の信用力を銀行の信用力で補強するものであると同時に，買主側としても信用状の記載に合致した商品の船積を証する船積書類を確実に入手するための手段となる。また，信用状は早期に代金を回収することができるため売主にとって金融の一手段ともなっている。売買当事者間では，買主による信用状の開設は売主の船積義務に対する先履行義務となるため，信用状が開設されない場合には売主による売買契約解除事由となる。一旦信用状が開設されると売主は信用状による決済によって代

金回収をすることが要求されるが，発行銀行が債務の履行を拒絶した場合には売買契約による債務の履行を請求できる。発行銀行は買主の信用状開設依頼に基づいて与信審査を行ってから与信の範囲内で信用状を発行することになる。

(4) 信用状の特性とその功罪
① 信用状の独立抽象性の原則
一旦信用状が発行されると，信用状に基づいて発行銀行が支払を行う債務は原因契約である売主と買主間の売買契約とは切り離された独立のものとなる（信用状の独立抽象性の原則）。発行銀行は信用状の記載を満たす書類の呈示があれば，発行依頼人（買主）の破産とか売主による売買契約の違反などを理由に債務の支払を拒むことはできない。
② 信用状の書類取引性・厳格一致の原則
信用状の独立抽象性の原則からして，信用状取引の安全性を図るためには，信用状による債務の履行の条件は信用状に合致する書類の呈示のみでありその書類に表示されている物品や役務とは関係ないとすることが必要となる（信用状の書類取引性の原則）。そこに呈示された書類が信用状の記載に合致するかどうかを銀行が審査する場合には形式審査のみで足り，内容の真正さについての審査はしなくてもよい。従って，提出書類は信用状の条件に厳密に一致していなければならないとされている（信用状の厳格一致の原則）。
③ 信用状原則の功罪
この信用状の独立抽象性と書類取引性・厳格一致の原則は，信用状の実行のための条件を書類の形式的審査のみに限定することによって，国際取引の決済を円滑に行うとともに荷為替手形の流通性を高めるのに役立っているが，この原則はときに不都合な面を生じることもある。売主が契約通りの商品を船積したとしても，船積書類と信用状に些細な不合致があるだけで支払を受けることができない。この場合の措置としては正式に信用状の条件を変更することが考えられるが，その交渉には時間と費用がかかるため，実務上は買取銀行と発行銀行とのケーブルネゴや受益者である買主からの補償状付

きの買取が行われている。一方で買主側からすれば，一旦船積書類が信用状に合致して手形への支払が行われれば，売買契約上の売主による債務不履行が発覚しても，発行銀行に対する補償を拒むことはできない。売買契約上の買主と売主との間のトラブルは信用状とは別の交渉または訴訟によって解決しなければならないわけである。

(5) 信用状の種類
① 取消可能信用状と取消不能信用状
取消可能信用状 (revocable L/C) は，発行銀行が受益者への事前の通知なしにいつでも取り消すことのできる信用状である。売主側から見れば発行銀行による手形の引受・支払が確約されておらず，通常の取引ではほとんど利用されない。これに対して，取消不能信用状 (irrevocable L/C) は一旦発行されれば，受益者，発行銀行，確認銀行の同意がない限り，取消も変更もできない。実務で利用される信用状はほとんどこちらであり，どちらかであるかの明示がない場合には取消不能信用状と見なされる[53]。

② 無確認信用状と確認信用状
信用状自体が買主の信用を銀行の信用で補強するものであるが，発行銀行の信用力に不安がある場合または政情・財政の不安や戦争・内乱などのカントリーリスクがある場合に，信用のさらなる補強を得るために発行銀行以外の銀行または発行地以外の銀行に支払の確約を求める場合がある。このように他行の発行した取消不能信用状に基づく引受・支払・買取を確約することを確認と言い，この確認のない信用状を無確認信用状 (unconfirmed L/C)，確認のある信用状を確認信用状 (confirmed L/C) と言う。

③ 一覧払信用状と期限付信用状
信用状による銀行の受益者への支払の方法によって以下の区別が生じる。まず，売主の船積書類の呈示と引換に銀行が支払を行う信用状および一覧払手形（手形を呈示した日を満期とするもの）が要求されている信用状を一覧払信用状 (sight payment L/C) と言う。ここでは中間銀行による買取は認めら

---

[53] UCP 600 では，取消可能信用状についての規定が削除された。

れていない。これに対して船積書類の呈示後信用状に記載される一定期間の経過後に支払が行われる信用状を期限付信用状（usance L/C）と言う。

第9節　代理店・販売店との取引

1．代理店・販売店取引の意味合いと形態

　日本のメーカーが海外で製品を販売する場合の第一歩としては日本の商社を代理店・販売店として使うこともあるが，現地の企業を代理店・販売店として起用することも多い。これは，単なる販売の仲介にとどまらず，市場情報の収集，効果的な宣伝広告の展開，顧客の開拓，各種の手続のスムーズな進行のためにも重要な働きをしてくれるからである。ただ，その使い方を考えるにあたっては，その国・地域におけるその製品の販売に関しては将来にわたって代理店・販売店に依存して販売を行っていくのか，近い将来に現地法人を設立してその機能を置き換えていくのかといった戦略を持っておく必要がある。また，逆に日本国内において日本の企業として，外国メーカーの代理店・販売店として機能する場合もある。

　代理店（agent）とは，自らは商品の所有権を取得することなく，メーカーから[54]買主への販売の勧誘，取次，媒介，代理を行うことによって手数料（コミッション）を得る者を指す。法律的には，自己の名前で外国メーカーのために契約を締結する締約代理商（商法27条）や自己の名前で外国メーカーのために製品の買入れや販売を行う問屋（商法551条）も考えられるが，通常，国際取引で見られるのは売買契約締結の媒介や補助業務を行う媒介代理商である。一方で，販売店（distributor）はメーカーから製品を購入することによって所有権を取得してからそれを転売する者を言い，実際にはこちらが使われることのほうが多い。販売店は独立した売買当事者として自己の

---

54) 実際に代理店・販売店を使うのはメーカーだけでなく，メーカーから転売を受けた商社やメーカーの現地子会社である場合もある。

リスクと勘定で売買を行うわけであり，購入金額と売却金額との差益を得ることになる。ただ，代理店・販売店などの用語の使い方はまちまちであって明確でないことが多い。特に，代理店という用語は転売を行う販売店を含んだ意味で使われることも少なくなく，この場合はいわゆる広義の「代理店」といえよう。輸入総代理店といった使い方をする場合にはむしろ一般的には販売店を指していることが多い。従って，用語だけでなく法律的な実態を把握する必要がある。本書ではこれ以降，両者を比較して論じているところ以外では，広義の「代理店」という用語を使うこととする。

　代理店に関しては特定地域における独占的・排他的販売権を与えることがある。この場合には，メーカーがその地域においては他の代理店を使わず全ての製品をその代理店に供給するわけであり，独占的代理店（exclusive agent または sole agent）や独占的販売店または一手販売店（exclusive distributor）などと呼ばれて非独占的代理店・販売店（non-exclusive agent, non-exclusive distributor）と区別される。この場合は，見返りにその代理店は他の競合メーカーの製品を扱わないという取り決めをすることが多い。こういった独占的契約は独占禁止法上の問題を生じる余地があるが，日米欧ともに不当な排他的条件を含むものでなければ原則としては合法である。独占的な供給によってブランド内競争は排除されるが，それによってより強い姿勢でブランド間競争に臨むことができるという考え方がとられている。なお，ＥＵ競争法はＥＵ域内での商品の自由な流通を妨げる取り決めに関しては非常に厳しいので，国ごとに一手販売店を決めること自体は合法であっても他の国（地域）への（再）輸出を禁じる取り決めは違法となる（第１章参照）。

2．代理店・販売店の保護法制

　メーカーがある国・地域で代理店を使って販売やマーケティングを行ってきたがその代理店の業績がふるわず一向に自社製品の拡販が進まない場合もある。また，代理店の業績に不満はないが事業の拡大の段階として自らの子会社を設立して直販に乗り出したいという場合もある。このような場合には，それまで使ってきた代理店との契約の解消を考えることになる。一方で，

代理店の側からすれば，その製品の拡販やマーケティングのために多額の投資をしてきていたり，またそのブランドイメージの確立のために多大の貢献をしてきたという自負があったりする。また，一部の強大な小売チェーンやディスカウントストアを除いて，代理店はおおむね企業規模が弱小であってメーカーへの依存度が高いのが普通である。従って，経済的弱者保護の社会的要請や外国の強大メーカーから国内業者を保護するという要請から，代理店保護の考え方が出てくる。代理店との契約関係はもともと長期継続を前提としたものであることが多いため，代理店保護の傾向が最も強く出てくるのが契約の解約や不更新の制限である。このような契約関係の終了の制限を中心とした代理店保護法制は，各国・地域ごとに異なっており，メーカーとしてはそれを十分に理解した上で代理店の選定や契約関係の管理を進めていかなければならない。

　一般的に言って，中近東と中南米が最も代理店保護が強いと言われている。中近東においては，特別法としての代理店保護法が存在するケースが多い。また代理店の登録が必須であって，代理店の介在なしには政府機関との取引はできないようになっている国が多い。保護に関して（狭義の）代理店と販売店との区別は特にはされていない。代理店契約は独占的なものが前提となっており，並行輸入が発生したような場合にはメーカーは代理店から厳しく対応を求められることが多い。この点では並行輸入に対する考え方がEUと正反対であるので注意が必要である。代理店との契約の終了の場合には，たとえ期間満了による終了であっても不更新について代理店側の同意がとれない場合には，相当額の補償を支払わなければならないことが多い。中南米でも一般的に解約時の補償を求められることも少なくないが，中近東よりも国による違いが大きい。また，一般的に言って中米の方が保護の度合いが強いようである。代理店保護法がある国が多いが，ブラジルのように代理店と販売店の扱いが異なり前者についてのみ特別法がある国もあれば，アルゼンチンのように特別法を持たず両者の扱いに違いがない国もある。

　ヨーロッパは代理店と販売店の扱いが異なることが他地域と際立った違いである。代理店に関しては各国法の統一を図るためにEC指令が出されており（指令653/1986），代理店への保護の方が販売店への保護よりもかなり手厚

い内容になっている。契約の終了に際して代理店に対しては補償が必要であるが、販売店に対しては必ずしも必要でないという状況となっている。その中で販売店への補償が必要となる可能性として、販売店保護のための特別法 (1961 年制定, 1971 年改正) を持つヨーロッパ唯一の国であるベルギーと、代理店保護を目的とする商法の規定が販売店にも類推適用されるという判例を持つドイツに注意する必要があろう。アメリカでは、州法レベルでフランチャイズ法という形で代理店保護法が制定されている州が多く、また連邦法としては自動車ディーラー法など特定の業種に関して法律が存在している。また、アメリカは独占禁止法が強力であるため、解約された代理店は独占禁止法の三倍賠償を使って提訴してくることも多く注意が必要である。アジア諸国では一般的に代理店保護は他地域と比べてそれほど強くないと言えよう。代理店と販売店の区別は明確ではなく、特別法が制定されている国も少ない。

　以上見てきた通り、国によって扱いは異なるものの、中近東での政府機関との取引における登録代理店の場合を除いては一般的には販売店とする方が望ましい。売買の形の方が契約関係はすっきりするし、そもそも取引の規模が大きくなってくれば自らの在庫を持たない（狭義の）代理店を使った取引には限界がある。また、契約の更新・不更新には細心の注意を払うとともに、日頃から代理店のパフォーマンスをきちんとチェックして必要なら警告を出すなどしていざというときの解約・不更新の正当事由につなげるよう手当てをしておくことが必要である。また、代理店契約に自動更新条項がある場合には、不更新の際に事前の通知を忘れることがないように営業部門に対してアラームを出すことも法務部門の重要な仕事である。

第 10 節　プラント輸出

1. プラント輸出の意義と契約の成立

　プラントとは多くの機械・装置・工作物などの組み合わせによってシステ

ムとして働く設備の総体を言い，製鉄・化学・石油精製などの製造プラントや発電プラント，空港・港湾・通信・交通などのシステムプラントなどがあげられる。プラントを海外へ輸出するのがプラント輸出であり，発展途上国のインフラ整備を目的とすることが多い。プラントの購入者・発注者（owner）は現地の政府機関や大企業であることが多く，受注は随意契約のケースも見られるが，発注金額が大きいため多くの場合は競争入札となっている。受注は単独で行う場合もあるが，技術力等の相互補完やリスクの分散などのために複数の企業が共同で受注する場合も多い。単独受注の場合でも，受注した主契約者（prime contractor）が契約の一部を下請（subcontractor）に出すことが多い。主契約者は機器メーカーであることもあるが，商社がその役割を果たすこともある。一方で，共同受注では複数企業が連名で受注して，内部的には各企業が自己の責任で自己の分担部分を施工するコンソーシアム方式と，共同事業体が受注者・契約者（contractor）となり各構成企業はお互いに人員を出しあって作った一定の組織のもとで決められた分担に従って施工を行うジョイントベンチャー方式とがある。ただ，いずれの方式においても，対発注者の関係では各構成企業が連帯責任を負うことになる。一方で，発注者の側では技術力や交渉力の不足を補うために，独立した専門家であるエンジニアリング会社（コンサルタント・エンジニア）を雇う場合が多い。エンジニアリング会社は，プラントそのものの立案・設計・施工管理から発注者の代理としての入札の実施・契約交渉を行う。また，中近東では発注者である政府と契約するためには登録代理店を任命しなければならないと定めている国が多い。プラント契約の準拠法についてはプロジェクトの実行地である発注者の国の法律が準拠法とされる場合がほとんどである。

2．法的関係と契約の類型

　プラント契約は，売買の要素と請負の要素を中心としながらも，これに技術援助やライセンス契約，さらにファイナンス関連の契約などの複雑な要素の入り組んだ契約形態となる。プラント契約は，契約者の業務範囲によっていくつかの類型に分かれる。

1) FOB プラス supervising 型

　機器の供給と据付および必要な指導を行う契約であり，発注者の業務範囲の狭い類型である。売買契約に役務の提供が付加されたものであり，機器の引渡条件が FOB でなくても売買という意味合いからこの呼び方がされている。

2) ターン・キー型 (turn key)

　プラントの設計から機器の供給・調達・据付・試運転，建屋などの土木工事，技術指導まで全ての工程の業務を引き受けて一括受注し，まさに発注者が鍵を回せば (turn key) プラントが稼動できる状態にして引き渡す契約である。契約者が全責任を負う完全な意味でのターン・キー契約はフル・ターン・キー契約と呼ばれるが，それより業務範囲の狭いもの（例えば建屋などの土木工事は業務範囲に入らないなど）をセミ・ターン・キー契約と呼ぶ。実際には，ターン・キーと呼ばれても契約交渉によって最終的な内容は様々となり，実態としては FOB プラス supervising 型に近いものもある。

3) BOT 型

　プラントを建設 (build) するだけでなく，一定期間当該国において自らその操業 (operate) を行った上で，当該国（ホスト国）にそのプラントを譲渡 (transfer) する類型である。操業することによって投下資本と利益を回収することになる。この類型は最近増えてきているが，インフラ整備に巨額の資金が必要であるため，資金の逼迫している発展途上国の政府機関が発注者である場合などによく行われるものである。実際には，外国企業が当該国に BOT 運営会社を設立して，その会社が主に海外から資金調達して BOT を実施することになる。ただ，自ら操業して収益をあげることには大きなリスクを伴うことは言うまでもない。

3．対価の定め

　プラント契約の対価の決定にもいくつかの方法がある。

1) 確定金額方式 (lump sum contract)

　契約締結時に契約金額を確定させておくものであり，基本的な対価決定方

法として最もよく使われている。発注者としてはプロジェクト全体の費用が把握できるため見通しがたちやすいが，契約者の側としては金額が巨額であり履行期間も長期にわたるためリスクが大きくなりがちである。そのリスクを軽減するために，その間の物価変動・賃金上昇・為替変動を契約価格に反映させるためのエスカレーション条項を入れることもある。

2）単価方式（unit price contract）

契約締結時に工事や作業の数量がわからないときに使用される。工事や作業の単価を決めておいて，その数量は暫定的なものを記載しておくというものである。

3）実費精算方式（cost plus fee contract）

契約の履行に要した実費に一定の手数料・報酬を加算して契約価格を決定するものである。契約締結時に工事内容が細部まで決定していなくてもよく，また契約者としても物価変動・賃金上昇・為替変動への対応が柔軟にできる。ただ，発注者から見ると工費が予想を超えて増大するというリスクがあるため，最高限度額を決めたり一定金額を超えた場合の契約者の負担を決めたりして契約者側に費用削減のインセンティブを与えるようにしている。

参考文献

五十嵐清『比較民法学の諸問題』（一粒社，1984年）
井原宏『国際取引法』（有信堂，2008年）
井原宏・河村寛治編著『国際売買契約ウィーン売買条約に基づくドラフティング戦略』（LexisNexis 雄松堂出版，2010年）
内田貴「強制履行と損害賠償」『法曹時報』42巻10号6頁（1990年）
江頭憲治郎『商取引法第3版』（弘文堂，2002年）
NBL編集部編『別冊NBL No.133「債権法改正の基本方針」のポイント』（商事法務，2010年）
オーレ・ランドー，ヒュー・ビル編，潮見佳男，中田邦博，松岡久和監訳『ヨーロッパ契約法原則 I・II』（法律文化社，2006年）
甲斐道太郎・石田喜久夫・田中英司編『注釈国際統一売買法 I』（法律文化社，2000年）
甲斐道太郎・石田喜久夫・田中英司・田中康博編『注釈国際統一売買法 II』（法律文化社，2003年）
亀田尚己・小林晃・八尾晃『国際商取引入門』（文眞堂，2004年）
北川善太郎『債権総論第2版』（有斐閣，2000年）

北川俊光・柏木昇『国際取引法第 2 版』（有斐閣，2005 年）
木棚照一・中川淳司・山根裕子編『プライマリー国際取引法』（法律文化社，2006 年）
絹巻康史『国際取引法新版』（同文舘出版，2004 年）
國生一彦「わが国での CISG の受容」『国際商事法務』38 巻 6 号 757，760 頁（2010 年）
杉浦保友・久保田隆編『ウィーン売買条約の実務解説』（中央経済社，2009 年）
髙桑昭『国際商取引法第 2 版』（有斐閣，2006 年）
田島裕『UCC コンメンタリーズ第 1 巻』（LexisNexis　雄松堂出版）
中村嘉孝『国際商取引における契約不履行』（同文舘出版，2006 年）
新堀聰『国際商取引とリスクマネージメント』（同文舘出版，2004 年）
新堀聰『ウィーン売買条約と貿易契約』105 頁（同文舘出版，2009 年）
新堀聰「インコタームズ 2010 の解説」『JCA ジャーナル』57 巻 11 号（2010 年）
新堀聰「インコタームズ 2010 の誕生」『貿易と関税』（2010 年 11 月）
平野晋『体系アメリカ契約法』（中央大学出版部，2009 年）
藤田友敬『新しい国連国際海上物品運送に関する条約案について』GCE ソフトロー・ディスカッション・ペーパー・シリーズ（2008 年）
古田伸一「ロッテルダム・ルールズの評価と問題点」『JCA ジャーナル』58 巻 2 号（2011 年）
松岡博編『国際取引法』（法律文化社，1996 年）
松坂佐一『民法提要・債権各論』（有斐閣，1986 年）
水辺芳郎『債権各論』（三省堂，2003 年）
ミヒャエル・ヨアヒム・ボネル，曽野裕夫訳「「ユニドロワ国際商事契約原則」と「ヨーロッパ契約法原則」の関係について」『ジュリスト』1131 号 75 頁（1998 年）
民法（債権法）改正検討委員会編『別冊 NBL　No.126　債権法改正の基本方針』（商事法務，2009 年）

第3章
国際投資

第1節　国際投資の諸論点

1．国際投資とその規制

　国際取引において売買と並んで最も重要な意味を持つ取引が投資である。国際取引に関する三要素はヒト，モノ，カネであると言われるが，このうち売買がモノを対象とするものであるとすれば，投資はカネを中心としながらヒトも対象とするものと言えよう。海外で事業を行う目的で子会社や合弁会社を設立したり企業買収で外国会社の株式を取得したりするために資金を投じるのが海外直接投資である[1]。

　投資を受ける側の国から国際投資をながめてみると，国内の資本不足を補うとともに新しい技術をもたらし雇用を生み出すことによって経済の活性化に貢献することが多い。しかし，一方では海外からの投資は国内産業との厳しい競争をもたらすため，海外資本のほうが圧倒的に強かったり国内産業がまだ育成期にあるような場合には，国内産業に壊滅的な打撃を与えることになってしまう。従って，各国は外国資本の投資に対して多かれ少なかれ何らかの規制を設けるのが通常である。このような外資規制はどうしても国内産業の競争力の強い先進国よりも発展途上国において強くなるのはやむをえな

1）一方で，経営支配権を伴わない貸付や配当を目的とする株式取得などは間接投資に分類される。

い。日本においても戦後すぐの時期には規制が多かったが次第に規制撤廃が進んできた。ただ，先進国においても戦略的な分野においては規制を設けている国が多い。例えば，米国においても1980年代に日本企業を中心として米国企業の買収が盛んになった中で，富士通が半導体大手のフェアチャイルドを買収しようとしたときには，国家安全保障などの見地から米国政府による反対に遭い，結局は買収を断念した。米国ではこれを契機として，国家安全保障の観点から重要な技術をもつ企業の外資による買収を阻止する権限を大統領に与えるエクソン・フロリオ条項が成立した（50 USC App. §2170 (a)）。この法律に基づく実際の調査は財務省の米国対内投資委員会が行う。ただ，この法律では国家安全保障についての定義がないため，敵対的買収の防御手段として恣意的に使われることもある。また，ヨーロッパ諸国や日本においても似たような規制が見られる[2]。

　しかし，外資規制の中心はやはり発展途上国となる。これらの国では経済の活性化のために外国投資を歓迎・奨励する動きと，育成期にある国内産業保護のためにこれを規制するという相矛盾する政策がとられることが多い。外資奨励策としては，法人税・製造設備や部品の輸入関税・利益送金税の減免，利益の送金の保証，低利融資，本来外資が土地所有できない場合に特例で所有を認めるなどのものが考えられる。一方で，外資規制策としては，事業分野を区分けして（製造業，流通業，サービス業など）規制のレベルを分けることが多い。その内容としては，外資の参入を原則として禁止する分野，国内資本との合弁によってのみ認める分野（この中ではさらに外資の出資比率の上限に区別が出てくる），原則として外資の自由な参入を認める分野などである。また，この他に外国人取締役の人数や比率を制限したり，部品に国産品の使用を義務づけたり，輸出を義務づけたり，輸出によって獲得した外貨の範囲内でしか部品の輸入を認めなかったり，利益送金に制限を加えた

---

2) わが国においては，成田国際空港会社および羽田空港の施設運営会社に対する外資の保有比率を3分の1未満に制限する案は批判が強かったため撤回されたが，英国の投資ファンドである「ザ・チルドレンズ・インベストメント・マスターファンド」による電源開発株式の買い増し申請（9.9％から20％へ）に対しては外為法に基づく日本政府の中止命令が出された（2008年）。

り，技術移転を義務づけたりすることが行われている。これら投資に際して外資に要求される条件は履行要求またはパフォーマンス要求（performance requirement）と呼ばれる。ただ，これらの外資規制は国際的な投資規制緩和の圧力によって徐々に緩和される方向にある。

2．国際的な投資協定

以上述べたような国際投資に関する規制の緩和は投資の自由化の問題であるが，国際投資に関してはこのほかにも投資の保護（収用・国有化からの保護），投資に関わる紛争解決の問題がある。これらの問題点に関して，投資企業の国と投資受入国との利害を調整するために取り決められるのが国際投資協定である。国際投資協定には大きく分けて，二国間協定と多数国間協定とがある。

(1) 二国間投資協定

二国間投資協定（Bilateral Investment Treaty, BIT）は1959年にドイツとパキスタンの間で結ばれたものが最初であり，その後，多くの協定が締結されるようになり，現在では世界中で約2,700件の協定が締結されている[3]。一般的にBITの中で規定されるのは，投資後の内国民待遇[4]，パフォーマンス要求の制限，投資資産の公正な取り扱い，収用の限定と補償，紛争解決などである。なお，日本政府は，比較的初期に結んだ投資保護を目的とするものを9件（エジプト，スリランカ，中国，トルコ，香港，パキスタン，バングラデシュ，ロシア，モンゴル），最近になって結んだ投資自由化を含むものを17件（シンガポール，韓国，ベトナム，メキシコ，マレーシア，フィリピン，チリ，タイ，カンボジア，ラオス，ブルネイ，インドネシア，スイス，ウズベキスタン，ペルー，インド，ASEAN）締結している[5]。

---

3) UNCTADホームページ（2008年末現在）。
4) 他国の製品または企業に対して，自国の製品または企業に対して付与している貿易・通商条件よりも不利でない待遇を与えなければならないという原則である。

(2) WTO の TRIM 協定

多数国間投資協定としては，包括的地域協定（EU や NAFTA など）の中に投資協定が含まれているものもあるが，ここでは最も対象範囲の広い WTO（世界貿易機関）の TRIM 協定にふれる。WTO は 1995 年の設立の前提となった GATT ウルグアイ・ラウンドでの合意をもとにして，「貿易に関連する投資措置に関する協定」（Agreement on Trade-Related Investment Measures, TRIM 協定）を成立させた。ウルグアイ・ラウンドの交渉においては，投資の自由化を求める先進国とそれに反対する発展途上国の間でせめぎ合いが行われた結果，妥協の産物とも言うべき合意がなされた。TRIM 協定は本格的な投資自由化協定とはならないで，貿易に関連する投資措置（TRIM），つまり実質的には投資受入国（ホスト国）が課すパフォーマンス要求を制限するものとなっている。禁止されるパフォーマンス要求としては，①進出企業に国内産品の購入・使用を義務づけるローカル・コンテント，②進出企業の輸入産品の購入・使用を，その企業がその国で生産して輸出する量に制限する輸出入均衡要求，③輸出で得た外貨と輸入に使用する外貨のバランスをとることによって輸出入均衡を実現する為替規制（外貨バランス要求），④進出企業の輸出を制限する国内販売要求，があげられている[6]。WTO 加盟国は，TRIM 協定に適合しない TRIM を WTO に通報し，一定期限までに廃止する義務を負っているが，実際には申請に基づいて廃止期限の延長も認められている。なお，このような TRIM 協定の不完全さおよび後述の MAI の失敗を受けて，多国間の投資ルール策定のための多国間交渉が WTO の場で引き続き行われているが，なかなか合意を見ることのできない状況である。

また，WTO 協定の一つに「サービスの貿易に関する一般協定」（General

---

5) 外務省ホームページ。なお，後者の 17 件のうち，シンガポール，ベトナム，メキシコ，マレーシア，フィリピン，チリ，タイ，ブルネイ，インドネシア，スイス，インド，ASEAN との協定は自由貿易協定も含めたいわゆる経済連携協定（Economic Partnership Agreement, EPA）のうちの一部として投資協定が含まれているものである。

6) GATT 3 条の内国民待遇と 11 条の一般的数量制限に違反する措置としてあげられている。

Agreement on Trade in Services, GATS) がある。ここではサービス貿易の自由化を取り扱っているが，その対象の中にサービスのための拠点の設立が含まれており，この部分では投資の自由化の側面を持っている。

(3) MAI

TRIM 協定では投資の自由化が不十分であったためこれをさらに深め，また同時に投資の保護と紛争解決の要素も盛り込んだ包括的な多数国間協定を目指して，1995 年に OECD の場で話し合いが始められた。これが多数国間投資協定（Multilateral Agreement on Investment, MAI）である。MAI は，物品売買における GATT／WTO と同じような枠組みを国際投資に関しても作り上げようとするものであった。その内容は，国際投資に関して，最恵国待遇[7]と内国民待遇の付与，透明性の確保，パフォーマンス要求の禁止を原則とするかなり厳しいものとなっていた。また，国際投資の保護と紛争解決手続についてもかなり踏み込んだ内容が規定されている。このように，MAI は OECD の枠組みで交渉が開始されたため必然的に主な投資国である先進国寄りの内容となっており，主な投資受入国である発展途上国の強い反発と抵抗をもたらした。これに加えて，グローバル化に反対する NGO の反発や，先進国同士でも意見の違いがあったために[8]，結局交渉が挫折することとなった。MAI 自体は挫折に終わったが，そこで提起された論点や交渉の内容は，その後の二国間協定に影響を与えているし，また今後の WTO などでの多国間協定の交渉にも示唆を与えるものとなろう。

(4) ICSID と MIGA（世界銀行の機関）

国際投資に関する紛争解決手続を定めるために世界銀行によって 1965 年に締結されたのが，「国家と他の国家の国民との間の投資紛争の解決に関する条約」（投資紛争解決条約）である。この条約に基づいて投資紛争解決国

7）いずれかの国の製品または企業に対して与える最も有利な待遇を，他の全ての国の製品または企業に対しても与えなければならないという原則であって，内国民待遇と並んで GATT・WTO の最も重要な原則とされている。
8）1998 年にフランスが交渉から離脱したために，挫折は決定的となった。

際センター (International Center for the Settlement of Investment Disputes, ICSID) が設立されている。ICSID の仲裁を利用するためには両当事者が仲裁付託に同意することが必要であるが，ひとたび付託されれば ICSID が排他的な紛争解決機関となる。その仲裁判断は法的に当事者を拘束し，また終局判断となって上訴は認められない。仲裁判断についてはすべての締約国が承認と執行の義務を負う。設立当初は ICSID はあまり利用されていなかったが，1990 年代から一転して活発に利用されるようになってきた。最近では BIT や EPA においても二国間の投資紛争を ICSID に付託するよう規定するケースが増えてきている。現在，世界で 157 ヶ国がこの条約に署名しており，そのうち 147 ヶ国が批准を済ませている[9]。

なお，世界銀行は紛争解決手続のために ICSID 条約を成立させる一方で，投資保護のために 1985 年に多数国間投資保証機関（Multilateral Investment Guarantee Agency, MIGA）を設立する条約を成立させている。MIGA は，その加盟国企業による発展途上国への出資や貸付について，投資受入国による収用，送金制限，契約違反，戦争内乱などによるリスクに関する保険を提供している。

第 2 節　企業の海外進出の形態

企業が海外事業を展開するにあたってその第一歩となるのは製品の販売のためにメーカーが商社を使ったり，またメーカー・商社が現地の代理店・販売店を起用したりすることである。しかし事業が本格化するに従って市場であるその国における自らのプレゼンスを求めて直接に進出することが必要となってくる。その進出の法的形態としては駐在員事務所，支社店，子会社が考えられる[10]。

---

9) ICSID ホームページ。http://icsid.worldbank.org
10) 合弁会社ももちろん選択肢として考えられるが，ここでは子会社の一形態として考えておき，合弁については以下で詳述する。

1．駐在員事務所

　海外進出の初期の段階であってまだまだ本格的な投資を行う機が熟していないような場合には，市場の様子を見ながら徐々にプレゼンスを高めていくことが必要となってくる。そのような場合にまず最初の一歩として設立するのが駐在員事務所（representative office, liaison office）であり，リエゾン・オフィスとも呼ばれている。駐在員事務所の行う活動は，市場や顧客の調査や情報収集，政府関係機関部局との連絡，本社からの連絡伝達や出張者のアテンド，会社や商品の宣伝広告活動などが中心となるが，これらの活動は営業活動に直接関わらないものである。つまり，駐在員事務所は営業活動を行わず，そのため現地当局から所得税を課せられないというのが基本的な考え方である。ただ，気をつけなければならないのは駐在員事務所の看板をかけておけば常に非課税となるというものではないということである。厳密に上記のような非営業活動だけを行っていれば問題ないが，実際の活動は営業のサポートのようなものが入ってくることが多い。例えば，本社から来訪した営業担当のアテンドや通訳をしたり事務所の会議室で契約の調印をしたりするなど境界線上のケースも多く発生する。課税非課税は実態活動をベースにして判断されるため，現地の税務当局から調査が入ったり，最悪の場合は脱税を指摘されたりすることもあり得る。税法上は，海外の拠点が恒久的施設（permanent establishment, PE）と見なされた場合には現地の税務当局から所得税が課税される。当該二国間で租税条約（二重課税防止条約）が締結されており，その中で恒久的施設の判断基準が示されていることが多い。

　駐在員事務所は子会社と異なり法人格としては投資国に存在する企業そのものでありその手足である。従って，駐在員事務所が違法行為を行い責任を問われる場合には投資企業そのものの責任となる。また，その企業が投資受入国で国際民事裁判管轄（人的管轄）を争う場合には，駐在員事務所の存在は裁判管轄の存在を認める方向に働きやすい。

2．支　社　店

　事業展開が進んできて駐在員事務所では不十分となり本格的な営業活動を行う必要が出てきた場合には，支社店か子会社を設立することになる。その場合に拠点形態の選択において考慮すべき要素は，駐在員事務所のところですでに述べた税務，責任，国際裁判管轄の三つである。支社店は税務上はPEとして課税されることは明らかであるが，その課税は投資国の企業（本社）そのものへの課税となる。子会社として別法人課税となる場合と比較して，支払税額は税率などによっても異なり，また支払済の税金に対して外国税額控除が適用される場合もあるのでその有利不利は一概には言えない。ただ，本社に対する課税であるために本社の活動との関連で税務調査が行われ，それに対する対応が非常に煩雑となり多大なコストがかかる場合もあることには十分に注意する必要がある。

　支社店は投資国企業そのものでありその手足である。従って，駐在員事務所と同じく（不法行為であれ債務不履行であれ）その違法行為はそのまま投資企業の責任となる。駐在員事務所の場合には営業行為を行っていないので大きな問題が発生する可能性は小さいが，本格的な営業行為を行う支社店の場合にはこのリスクはきわめて大きい。販売した製品の大規模な欠陥や不良，営業上の不当表示や詐欺行為，独占禁止法違反，大規模な不当労働行為，悪質な契約違反などが考えられる。子会社のところで述べるように，支社店ではこれらの行為から本社の責任を切断することができない。従って，実務では事業拠点を支社店の形で設置することはほとんど行われていない。

　なお，支社店を設置していれば国際裁判管轄を争うこともほとんど不可能に近くなる。また，これらの要素のほかに，外国会社の支社店の活動を制限する法制が存在する場合もあるので注意する必要がある。

　なお，プラント建設などのために一時的に現地事務所を設置する場合も，その期間が一定限度を超えるとPEと認定されることがあり，この場合は支社店と似たような扱いを受けることになる。

3. 子会社

　子会社は言うまでもなく有限責任の別法人として設立されるので，法人格否認の法理が働かない限りは現地における子会社の違法行為によって発生する責任を親会社が負うことはない。このように法的に親会社の責任が切断されるために，ほとんどのケースで現地の営業拠点は支社店ではなく子会社の形をとっている。上記で例示した販売事業から発生する責任のほかに，製造子会社の場合には環境汚染などで巨額の損害賠償責任を負うこともあるのでこの法的責任の切断は重要である。つまり，子会社が現地で重大な事件を引き起こして莫大な損害賠償義務を負った場合には，親会社は投資額さえ捨てればその子会社を倒産させて事業撤退を図ることができることになるわけである。ただ，これはあくまで法理論上の話であって，現実にこのような手段をとることはきわめて困難である。実際にこのようなケースに直面した場合には政治的，社会的な圧力もあるであろうし，またそもそもその国および世界中におけるその企業自体およびそのブランドのイメージに限りなく大きな打撃を与えることになってしまう。従って実際には，親会社が貸付または増資を行ってその資金で債務を清算して事業を継続するか撤退するかとなることが多い。実際に法的責任の切断を利用して撤退を図ることができるのは，知名度の低い小さな企業であってその国の市場さらには場合によって海外市場全体を失ってもいいと判断できるような限られたケースであろうと思われる。ただ，そうではあっても，自由な選択肢を保持するためには，なお法的責任の切断を確保しておくことは意義があると考えられるのである。

　子会社の形態をとることは，責任論以外の税務面，国際裁判管轄の面からしても支社店の形態より好ましい。税務面からすれば利益に対して所得税が課せられることは同じであるが，租税関係が単純化される。子会社への課税であって親会社への課税ではないため親会社に対して税務調査が及ぶことはなく，親会社が対応に煩わされることもない。また，国際裁判管轄を争う場合も子会社の方が有利である。

　なお，ここで子会社というのは原則として100％子会社のことを指している。しかし，上述の通り，投資受入国の外資規制として業種によっては

100％子会社の設立ができず，現地資本の参加が要求されることもある。この場合には合弁の形をとることとなるが，許される外資の比率もケースバイケースとなっている。

第3節　企業合弁

1．合弁の意義

　企業合弁とは複数の企業がある事業を共同で行うために，共同で出資しその企業を共同で経営していくことを言い，ジョイント・ベンチャー（joint venture, JV）とも呼ばれている。ただ，ジョイント・ベンチャーという用語自体は比較的広く使われており，例えば国内の建設工事請負共同企業体がジョイント・ベンチャーと呼ばれることが多いが，こちらは法人を設立するのではなく共同受注した数社が共同企業体として内部での責任分担に沿って個別の工事を行うものである。この建設工事請負共同企業体にはコンソーシアムという用語が使われることもある。コンソーシアムはまた，国際プラント建設工事を数社が共同で受注する場合にもよく使われる。
　企業合弁の目的はいくつか考えられるが，最も多いのは事業統合型であり，これは同業種の企業間で特定の事業部門を切り出して統合するものである[11]。競争が厳しく単独ではその事業の継続や生き残りが困難であるときに，投資コストを軽減し，また技術や営業などのそれぞれの強みを持ち寄って競争力を高めるために合弁が使われる。一方の企業がその事業の継続を完全にあきらめた場合には他方企業への事業部門の売却という形をとることになるが，両方の企業（稀に三社以上の場合もある）が事業の継続を望む場合には合弁の形がとられることになる。事業統合型合弁では，50/50の対等合弁や若干どちらかが主導権を握る形が多いが，一方による他方の救済色が強

[11) 日立製作所とNECがDRAM事業を統合して1999年12月にエルピーダ・メモリーを設立したのは一つの例である。その後，三菱電機からもDRAM事業を譲り受けている。

いものや実質上の売却で形だけ出資を残すような場合には出資比率が大きく一方に偏ることになる。合弁にはこのほかに，商社とメーカーのように業種の異なるものや，一方が他方の事業をサポートするためのものも見られる。また，上述のように主に発展途上国において外資規制のために現地資本と合弁を組まざるを得ない場合もある。この場合には，法的要求としてパートナーを探さざるを得ないが，資力のあるパートナーがなかなか見つからず，結局はそのパートナーのために自ら融資や借入保証をせざるを得なくなる場合もある。

2．合弁のメリットとデメリット

特定の事業を単独で行う場合と他社と組んで合弁で行う場合とのメリットとデメリットについて考えてみる。

(1) 合弁のメリット

第一に，投資額が少なくてすむこと，規模の利益が得られること，またリスクを分散させることができることがあげられる。これは合弁のメリットとしては最大のものであり，合弁を組む目的や動機としては最も多く見られるものである。ただ，上述のように外資規制として合弁が強制されている場合には，実際の投資額やリスクを減らす効果がない場合もある。第二に，合弁を組む相手の企業の技術，営業力，経営力などのノウハウを利用できることである。先進国企業同士でその強い面を出し合って補完効果，相乗効果を狙うことが多い。これは第一の理由と並んで，国内合弁にもそのままあてはまるメリットである。ただ，先進国が発展途上国で合弁会社を設立・経営する場合には，進んだ技術を導入することのできる途上国側に大きなメリットが出てくることになる。先進国側としては，合弁会社を自らの子会社と同じように位置付けるならば積極的な技術移転が必要となるが，技術が大量に流れることによって将来の強力な競争相手を育成することにもなり得る。第三に，国際合弁の相手国で合弁会社を設立・経営する場合には，その国の様々な慣行について学びそれを利用できることがあげられる。これは労務管理や

文化面，生活面などについての慣行である。また，それと同様なポイントとして，現地パートナーの人脈を利用することができるのも大きなメリットであろう。これには，商売上の人脈，経済界への人脈，許認可にも関係する政治家や官庁への人脈などが考えられる。第四は，特殊なケースであるが，輸出を減らし貿易摩擦を軽減するために合弁を利用することがある。トヨタとGMの合弁がその典型的な例とされている。

(2) 合弁のデメリット

合弁のデメリットはだいたいメリットの裏返しと考えてよい。第一に，投資額とリスクが少なくてすむということは，当然ながら事業から得られる利益もそれに応じて少なくなるということである。第二に，相手の企業の技術，営業力，経営力などのノウハウを利用できるということは，それが漏洩しやすいということにもなってくる。特に技術の流出が深刻な問題となりがちである。第三に，意思決定が遅れがちになったりスムーズにいかなかったりする場合が出てくることである。合弁では経営判断が原則として相手方パートナーとの共同決定となるために意思決定のトラブルは必然的な現象であり，最悪の場合には経営の根幹に関わるような事項で意思決定ができずデッドロックに陥ることもある。これが合弁のデメリットとしては最大のものであると言えよう。国際合弁の場合には，さらに文化的な摩擦が発生してくることもあり得るので余計に厄介である。また，国内合弁であっても企業文化の違いが意外とあとあとまで尾を引いてくる場合もある。従って，優良パートナーが存在して合弁が現実的な選択肢として上っているという前提のもとにおいて，事業を単独で行うか合弁で行うかの決定は，突き詰めて言えば，投資額とリスクを減らし規模の利益を得ることおよび相手と技術などのノウハウを共有できることをより大きな価値と見るか，共同意思決定による経営の停滞や企業文化の違いによる摩擦をより大きな障害と見るかの判断とも言えよう。第四に，デッドロックの一つの局面であるが，一方当事者が事業から撤退したいと思っても相手方の承諾が得られずにずるずるとそのままの状態になってしまう恐れがあることである。たとえ少数パートナーの立場にあってもこういった事態は発生し得る。

3. 合弁の受け皿（団体組織）

(1) 総論

　合弁を運営するためには契約関係のみでの運営も可能であるが，通常は何らかの団体組織を作って運営する。日本での合弁（日本企業同士の国内合弁であっても，日本企業と外国企業が日本で合弁を行う場合であっても）の場合はどのような団体組織が良いかといった検討はほとんどなされず，株式会社の形で設立されることが圧倒的に多い。しかし，海外においてはいくつかの選択肢があり，運営の柔軟性，税務面，責任論などの見地から株式会社以外の手法がとられることも少なくない。特に，アメリカにおいては選択肢が非常に多く，その代表的なものはパートナーシップである。また，ヨーロッパ諸国では法人組織を使うにしても，私会社や日本の旧法下での有限会社に近いものが使われることも多い。

　いずれにせよ各国の法制が異なっているため，合弁契約の準拠法をどこにするかが重要となってくる。ただ，合弁組織の設立，運営，解散のすべての局面で会社法やパートナーシップ法などの適用を受けることとなるので，合弁組織の設立地の法律を準拠法とするのが原則である。

(2) パートナーシップ

① 法人格のないこと・無限責任・組織運営の柔軟性

　パートナーシップというのは主に英米法系で見られる組織であり，法人ではなく単なるパートナーの集合体であるとされている。パートナーの集合体であるため，法人格はなくそれぞれのパートナーは無限責任を負うことになる。この無限責任がパートナーシップの最大の弱点であるが，逆にパートナーシップの利点は，組織運営や構成員の関係を柔軟に決めることができることおよび節税ができることにある。法人組織の場合には原則として会社法の規制に服するため組織運営や各構成員の内部関係は硬直的になりやすいが，パートナーシップはこの点では出資の方法，意思決定のやり方，損益や持分の分配，事業撤退と解散などを含むあらゆる局面で非常に柔軟性の高い取り決めをすることができる。アメリカのパートナーシップには，全構成員

が無限責任を負うジェネラル・パートナーシップと，無限責任パートナーと有限責任パートナーの両方がいるリミテッド・パートナーシップとがある。日本では非法人であるパートナーシップに相当する組織は民法上の組合であろうが，これはあまり使われておらず，むしろ法人である合名会社と合資会社がそれに近いと考えられる。アメリカのパートナーシップは法人格がないが，法律（統一パートナーシップ法とそれを受けた各州のパートナーシップ法）によって，資産保有能力，契約当事者能力，訴訟当事者能力があるとされており，実際に法人格がないことのデメリットはあまりない。

② パススルーの税務

パートナーシップが日本の合名会社・合資会社と決定的に異なるのは税務上の取り扱いである。納税の主体はパートナーシップではなくてそれぞれのパートナーとなる。パートナーシップの利益と損失は持分または契約によって各パートナーに分配されるが，各パートナーはそれを自分のほかの利益または損失と合算して納税を行うことになる。これをパススルー（pass through）という。法人の場合には法人自体がその利益に課税された後で，その利益が配当の形で株主に分配された時点でまた課税されるため二度課税されることになる。これに対してパートナーシップの場合にはパートナーへの課税が一度行われるだけである。しかし，このことよりも実際にもっと重要なのは損益通算ができることである。つまり，各パートナーは分配された損益を自分が行っているほかの事業から生じる損益と通算できるため，パートナーシップが損失を出している場合は（特に事業の立ち上げ段階などには大きな損失が出ることが少なくない）その損失で他の事業から得られる利益を減らして節税を図ることができるわけである。これがアメリカでパートナーシップがよく利用される最大の理由である。日本の合名会社や合資会社および新設の合同会社はすべてパススルーができないこととなっており，この意味からすれば使い勝手が悪いと言えよう。

なお，日本の会社がアメリカの会社とアメリカでパートナーシップを組む場合に，日本法人が直接のパートナーとなると，無限責任を負いさらにアメリカ国内でPEと認定されてしまうリスクがある。それを避けるためにアメリカの子会社をパートナーとすると，今度は日本法人はパススルーの恩恵を

受けることができなくなる。このように日本法人がアメリカでパートナーシップのメリットをストレートに享受することはなかなか容易ではないかもしれないが、パートナーのアメリカ側にメリットを与えることによって合弁全体をスムーズに運ぶことができる。税務問題は国際投資において非常に大きな要素であるが、海外企業とくにアメリカ企業が節税を含む総合的な意味でのタックス・プランニングに大変な力を注いでいるのに対して、日本企業はこの点がまだまだ不十分と言えよう[12]。

なお、日本では 2005 年に新法により有限責任事業組合がスタートした。これは、法人格は持たないが有限責任であり、内部の組織運営は柔軟性が高い。何よりもパススルーの税制が認められたのが最大のポイントであり、アメリカのパートナーシップに近いものとなったと考えられる。

(3) 法人形態
① リミテッド・ライアビリティー・カンパニー (LLC)

パートナーシップの唯一かつ最大の弱点は無限責任であるが、これを克服しようとする動きがアメリカで見られた。リミテッド・ライアビリティー・カンパニー (Limited Liability Company, LLC) の出現がそれである。これは、法人格があり出資者が有限責任のメリットを享受しながら、組織運営は柔軟である。さらに、税務上は組織への課税と構成員課税を選択できるため、パススルーの扱いを受けることができるという、まさにいいとこ取りをしたような組織形態である。1988 年に内国歳入庁 (IRS) がワイオミング州の LLC にパートナーシップ課税を認めてから急速に全米に普及して LLC 法が制定された。日本の新会社法による合同会社は日本版 LLC と呼ばれることもあるが、有限責任事業組合と異なりパススルー課税を認めなかったためアメリカの LLC とは根本的に異なる。

---

12) 筆者がアメリカの大企業と日本で合弁を設立する交渉を行ったときに、アメリカ側が節税手段として商法上の匿名組合を利用する可能性を持ち出してきたが、日本側は誰一人としてそんな可能性を考えていないどころか匿名組合自体ほとんど聞いたこともなかったので、急いで匿名組合そのものについて調べた経験がある（結局は匿名組合は利用しなかったが）。

②　株式会社

パートナーシップやLLCを利用する場合に対して，合弁のための最も基本的な団体組織は株式会社である。先に述べた通り日本では株式会社を利用することが圧倒的に多い。株式会社の特徴はまさにパートナーシップの反対であり，そのメリットとしては法人格があり有限責任であること，デメリットとしては会社法の硬直性により両当事者の合意を生かした柔軟な運営ができない場合があること，パススルーができないため目立った節税対策ができないことなどがあげられる。株式会社の歴史や会社法の内容は各国で異なるが，歴史も古く法律や判例も最も充実しておりシステムへの信頼性が高いことがよく利用される理由であろうと思われる。ただ，仕組みがしっかりしているということは柔軟性に欠けるということにもなるため，合弁契約による当事者の自由な合意が会社法のもとで強制できるかという問題が発生することがある。この点からすれば，概ね大陸法系の会社法の方がより厳格で，英米法系の会社法の方が柔軟性が高いようである。なお，合弁会社は各構成員の意思の合致によって運営される組織であるから，たとえ株式会社の形をとるにしても株式を上場する公開会社になることは稀であり厳格な株式の譲渡制限を伴った閉鎖会社として運営される。この意味では会社の機関の設置のパターンで多くの選択肢を認めた日本の新会社法の中では，旧商法の画一的な規定よりも閉鎖会社としての合弁会社に合った組織運営を探る可能性が高まったと言えよう。また，上述の合同会社や有限責任事業組合も合弁会社の受け皿としての選択肢の一つとなっていくことも考えられる。

③　有限会社など

法人形態をとるにしても株式会社よりは柔軟な運営ができる組織形態として，イギリス法上の私会社や大陸法系の有限会社があげられる。各国によって法制度は少しずつ異なるが，これらの会社は概ね有限責任の法人ではあっても，株主または出資者は少数であり資本金も小さく，株式の公募もできずもちろん上場もされないケースが多い。一方で，株式譲渡制限は自由に定めることができ，会社の機関も柔軟であり場合によっては取締役会の設置が不要な場合もある。合弁契約をそのまま会社運営に生かしやすい仕組みとなっているのである。この範疇に属するのが，イギリス法上の私会社（private limited company），大陸法系の有限会社であり，ドイツでは GmbH，フランスでは SARL，イタリアでは SRL と呼ばれる。これらの形態は合弁会社や外資の子会社に利用されることもある。これらの会社形態は日本の旧法下での有限会社とよく似たものであるが，日本では伝統的に有限会社が株式会社よりも一ランク下のようなイメージがあり，有限会社では財務面での信頼性に欠け取引上も不利であると考えられていた。そのため，小規模な会社でも株式会社として設立する傾向が強く，閉鎖会社としての合弁会社や外資の 100％子会社にもこの傾向が見られたため，ほとんどの合弁会社が株式会社として設立されてきている。

4．合弁契約の意義と定款

(1) 合弁契約の意義

合弁事業を行うときには主要株主の間で合弁契約（Joint Venture Agreement）が締結されることが多い。合弁契約は合弁企業の設立とその経営を網羅するものであるが，その経営の部分に関しては株主間契約（Shareholders Agreement）の意味を持ってくる。ただ，少なくとも新設合弁に関しては，実務では合弁契約と株主間契約という用語はほとんど同義として使われている。合弁組織である会社やパートナーシップはそれぞれを規制する法律に従って運営されるため，合弁契約がなくても法的な意味では組織運営に支障はない。ただ，これらの組織運営は原則として多数決によって決せられることになっているので，単純に法律の規定に従えば多数株主が組織を運営し，少数株主は法の規定する拒否権しか与えられないこととなる。これを避けるために少数株主のために保護を与えることが合弁契約の本来の趣旨であるといわれている[13]。ただ，合弁契約の規定にどれだけの法的拘束力があるかという問題もあり，極端に言えば合弁契約は紳士協定に過ぎないとの考え方もある[14]。

---

13) 松枝迪夫著・柏木昇監修『国際取引法』174 頁（三省堂，2006 年）。
14) 北川俊光・柏木昇『国際取引法』310 頁（有斐閣，1999 年）。

(2) 合弁契約の強制力／定款との関係

　合弁契約と他の契約例えば売買契約との違いを法的拘束力の有無および強制できるかどうかという観点から見てみたい。売買契約においては，契約違反は解除または損害賠償請求という形で直接の救済を受けることができるという意味においては強制可能である（もちろんケースによっては実質上の救済が困難である場合もあるが）。合弁契約も理論上は同じなのであるが，合弁の場合は対象が会社組織に関することであるために会社法という別の法律が絡んでくる。合弁契約が会社法にぴったり適合していない場合にどうなるかという論点が出てくるのである。会社法を実現するための基本を定めた規則が定款である。合弁契約と定款に矛盾がある場合にどのように考えたらよいかであるが，この場合は定款が優先するのでその範囲で合弁契約は無効となり強制できなくなる。ただ，合弁契約と定款は通常は同じ人が作成するので明らかな齟齬や違反が見られることはあまりあるまい。実際に問題が生じ得るのは，両者に解釈上矛盾が生じ得る場合であろうし，また一般に合弁契約の定める範囲は定款より広いため，合弁契約には記載があるが定款にはないような事項（または定款では単に会社法の記載をそのまま転記しているような場合）についてである。つまり，定款には違反しないので会社法上は有効な行為となるが，合弁契約違反であるという場合に非違反当事者はどういう救済を受けられるかという問題である。

　よく例に出されるのは，合弁契約で取締役をAが3名，Bが2名選任できるとされているのに定款では規定がなかったために，多数株主であるAがこの規定に違反して全5名を選任してしまったときである。後述のように日本では2001年の商法改正で種類株式の制度が導入されたためこのような合弁契約の規定をそのまま定款に入れこむことができるようになったし，英米法系ではもとからそのような措置が可能である。しかし，旧商法下では定款にこのような規定を入れてもその有効性には疑問があったし，また現在でも他国にはこのような措置のとれない会社法もある。この場合には，会社法上ではこのような取締役の選任は有効となってしまう可能性が高い。そうするとAの行為は合弁契約違反なのでBは契約違反でAを訴えるしかないことになる。しかし，この訴えがそもそも会社法にそぐわない上に，Bにとっ

て最大の難関は損害の立証である。本来はBが選任するはずであったがAが選任してしまった2人の取締役はひょっとしたら能力が高く合弁会社のためにはむしろその方が良かったかもしれない。さらに合弁会社の株主であるBに発生した損害となるともっと難しい。理論的には損害賠償の予定という方法も考えられるが現実に機能するとも思われない。そうなると契約を解除するしかないが，そうなるともはや合弁の解消である。現実にはこのように両者の信頼関係が失われた場合には合弁を解消するしかないであろうが，それはBに対する救済というよりも，合弁が破綻した結果の処理の問題となる。唯一現実的なものとして考えられるのは，一方当事者の契約違反による合弁解消の際の処理として株式の売買や会社の解散が行われるときに，例えば非違反当事者が買うか売るかのオプションを持つとか売買価格の算定において非違反当事者に有利な取り決めをしておくとかである。

　もう一つの例は一方当事者が合弁契約の株式譲渡制限条項に違反して他方当事者の同意を得ないで第三者に株式を売却してしまった場合である。後述のように日本では，旧商法下では定款で取締役会での譲渡承認が必要であると規定することしか許されていなかったが，新会社法では取締役会以外でも承認手続を行うことが可能となった。新法下であれ旧法下であれ，また外国法のもとであれ，第三者への株式譲渡が会社法または定款に記載された手続には従っているが合弁契約には違反している場合が問題である。この場合にはその譲渡自体は有効となってしまう。それでも部分譲渡の場合は契約関係は残るため，上述の取締役選任のケースと同様に改めてその解消の問題が発生する。しかし，全部譲渡の場合はすでに契約関係は現実に解消してしまっており，何らかの救済が得られるのか疑問である。

　これらのことから言えるのが，合弁契約の各条項は，相手方当事者によるその違反が発生した場合に満足な法的救済が得られるという意味においての強制力を持たないのではないかということである。合弁契約に実効性を持たせるためには，理論上はできるだけ多くの規定をできるだけ正確に定款に書き込んでおくことが望ましい。日本の会社法の改正による株式会社の柔軟化や合同会社，有限責任事業組合の利用，また諸外国の柔軟な会社やパートナーシップ形態の利用によって合弁契約と会社法・定款との溝がかなり埋

まってきたと思われる。しかし，現在においても合弁契約の条項を全て定款に入れるのは不可能であり，また合弁契約の性質上そうしない方がいいこともある。そうだとすれば合弁契約はやはり完全には強制できない場合があり得るし，その範囲においては合弁契約は紳士協定に過ぎないという余地はまだまだ残っていることは理解しておくべきである。ただ，そもそも合弁会社は複数当事者が前向きな姿勢で共同で事業を行っていこうとするものである。従って，細かい相違はともかくとして大きな点で契約違反が発生するような状況では，もはや合弁の維持は不可能である。その場合に損害賠償の形で救済を得るのも難しいということは容易に想像できるし，そのような事態は事業リスクの一つとしてとらえることもできよう。その意味では合弁契約は他の契約とは一味違った性格を持つ契約であると言えよう。

5．合弁の設立・運営と合弁契約

　合弁は，その設立，運営（経営），解消のそれぞれの過程において重要な要素を持っているが，特に重要なポイントは出資比率，役員の割り振り，少数株主の保護，デッドロックの解消，合弁解消に関する取り決めである。以下で標準的な合弁契約の条項をベースにしながら合弁の各過程について考察していきたい。

(1) 出資比率

　出資比率の問題はその合弁がどのような性格の合弁であるかを決する重要な要素であり，各当事者が合弁を組むにあたってまず最初に合意すべきテーマである。投資受入国の外資規制措置によって外資の出資比率が制限される場合を除けば，合弁の出資比率は当事者の自由な合意によって決定される。よく使われるのが50/50の合弁であるが，これは実質的に両当事者が同じだけ合弁に貢献するという意味に加えて，両当事者が対等の立場にあるといういわば面子を示す意味がこめられていることもある。従って，先進国の有力企業同士の合弁がこの形になることが多い。50/50だと意思決定に支障をきたしデッドロックを招きやすいという批判もあるが，出資比率に差をつけた

場合であっても少数株主保護のメカニズムを入れるので結果は同じである。合弁がうまくいかないときはどんな形をとっても決定打がないことを考えれば，両当事者が一緒にがんばっていこうという姿勢の強い 50/50 はむしろ好ましい形と言えるのかもしれない。

　実質的には 50/50 でありながら，意思決定を円滑に行うためにあえて差をつけて 51/49 や 50.1/49.9 などの形をとることもある。この場合には，少数株主の保護を万全にするのは当然として，交渉の過程でさらに妥協をして，形式上の少数株主となった側の当事者に取引上または契約上何らかのメリットを与えているかもしれない。また，特殊な場合であるが，一方当事者が第三者から有力特許のライセンスを受けている場合に，そのライセンスを子会社にも使用させるためには過半数を保持する子会社でなければならないと契約で定められていることがある。この場合には，合弁会社にその恩恵を与えるためにその当事者の出資比率を過半数にする必要が出てくるため，50.1/49.9 といった比率が使われることが多い。

　合弁の主導権を一方当事者が握る場合には出資比率に差をつけるわけであるが，この場合は 60/40 が使われることが多い。この比率が好まれるのは明らかに多数株主に主導権があると同時に，少数株主の比率が特別決議の拒否権を持つための 3 分の 1 とか 4 分の 1（国によって異なる）は下回っていないためである。これに対して，特別決議の拒否権を下回るような例えば 80/20 のような比率の場合にはもはや共同事業とは言えず，少数株主の出資は何らかの政治的象徴的な意味を持つものとなってくるであろう。

　三当事者以上の合弁の場合はメーカーに加えて商社が参加する場合がある。プロジェクトの基本はメーカーが担い，そのメーカーの利益を代弁して交渉したりさまざまなサービスを提供したりするために少数株主として商社が出資するケースである。この場合は，その商社としてはメーカーへの付き合いの意味合いもあるし，また商社独自にその国で他の商売のために商権や人的つながりを拡大する目的も含まれてこよう。もちろん商社がメーカーと対等かむしろ主導権を握るような形の合弁もある。

(2) 出資の手段

　出資は現金出資が原則であるが，現物出資を伴うこともある。先進国企業同士の場合には現金出資が多いが，発展途上国企業との合弁の場合には相手方当事者に資金力がなくその分を現物出資で補うことを認めるよう要求されることがある。現物出資の対象は幅広く，土地建物といった不動産，機械設備などの動産，知的財産権といった比較的扱いやすいものから商権や営業権といった不明瞭なものまで出てくる可能性がある。中国やベトナムなど土地の私有が認められていない国では土地の所有権ではなく使用権が現物出資の対象になり得る。現物出資で最も厄介なことは言うまでもなくその評価である。できるだけ国際的なスタンダードに基づいた評価をしたいところであるが，現地での評価に従わざるを得ないような場合もある。

(3) 経営の分担と役員等の割り振り
① 役員の割り振り

　取締役の割り振りは原則として出資比率に従って行われる。取締役を選任するのは株主総会であるから，各当事者が合意した比率に従って指名してきた取締役候補が選任されるように両当事者が株主総会で投票するという議決権行使の合意がなされることになる。ここで上述したような多数株主による合弁契約違反が発生するとその通りにいかなくなってしまう。これを防ぐためには各国会社法で可能な限り，合弁契約での役員の割り振りを生かすような定款の記載をしておく必要がある。日本の 2001 年改正によって創設された種類株式を利用すれば（旧商法 222 条 1 項 6 号，会社法 108 条 1 項 9 号），例えば取締役比率が 3 対 2 の場合には，株主 A に対しては取締役 3 名を選出できる株式 AA を，株主 B に対しては取締役 2 名を選出できる株式 BB を発行するということになる。一方で，新会社法のもとでは（109 条 2 項，105 条 1 項 3 号），このような種類株式という手法をとらなくても，定款に「取締役を 5 名として，そのうち 3 名を A が，2 名を B が選任する」という規定をおくことも認められると考えられている[15]。ただ実際には，合弁のスタートの時点で相手に対する詐欺行為のような契約違反を犯してまで取締役を独占しようとする多数株主がいるとは思えないことは確かであろう。日本の合同

会社や有限責任事業組合ではそもそも取締役の制度がなく，それに代わる業務執行者の選任については非常に柔軟である。

なお，その他の役員，例えば執行役，執行役員，オフィサー，監査役などの割り振りも原則としては取締役と同様に出資比率に配慮したものとなる。ただ，監査役以外の執行に関係する役員については現実の職務分担を考慮する必要があろう。

② 社長の選任

社長は合弁会社の経営の最高責任者であり，株主総会や取締役会決定事項以外の日常業務は社長の専権となることが多いので，社長をどちらが指名するかはきわめて重要なポイントとなる。出資比率に差がある場合は問題がないが，50/50の場合には交渉で決める必要がある。その際には他の事項をあわせたパッケージによる合意や妥協によって決定されることもあろう。一方当事者が社長を選任することになったとしても，その人物については相手方当事者の合意を必要とすると規定されることもある。なお，社長を選任するのは取締役会であるので，各当事者がその指名した取締役に影響力を行使して，合意の通りに社長を選任することになる。

会長や副社長についても社長と同様にどちらの当事者に選任権があるかという問題が起こってくるが，通常は社長とパッケージで交渉することによって，社長をとれなかった当事者が会長または副社長を割り振られることが多い。会長は一般的には名誉職とされることが多いが，各国のシステムや風土によっては合弁会社の顔として政治的渉外的に重要な役割を担うこともある。実務の責任者である社長を外資側がとり，政界や経済界へのパイプとして会長を現地側がとるという分担もよく行われている。一方で副社長の権限は完全な社長とのバランスで決まり，一定事項は副社長の合意がなければ社長単独では実行できないと規定することによって共同代表に近いシステムをとることもある。

---

15) 大杉謙一「ジョイント・ベンチャーの企業形態の選択」中野通明・宍戸善一編『ビジネス法務体系II・M&A ジョイント・ベンチャー』34頁（日本評論社，2006年）。

③　部長職の割り振り

　合弁の当事者間では合弁会社の経営を行うにあたって，技術，開発，生産，品質管理，調達，販売（営業），財務経理，労務といった各部門について，どちらの当事者がどの部門を主に担当するのかという割り振りについての話し合いが行われる。例えば，外資の場合は技術開発と生産は絶対押さえておきたいとか資金管理を行う財務経理はとりたいとか，逆に現地での販売営業や労務管理は現地パートナーに任せた方がいいとかいったことである。具体的にはその部門を担当する部長職を両当事者で割り振るという形となることが多い。もちろん一方当事者が担当するといっても他の当事者が関与しないわけではなく，たすきがけの形で相手方当事者に副部長を割りあてることもある。もちろん両当事者から派遣された人員がその部門をいつまでも牛耳るのが好ましくないこともあるので，必要に応じて合弁会社として採用した人員に業務を任せることで合弁会社の現地化を図っていくことも考える必要がある。

④　運営委員会

　合弁会社は取締役会，取締役，執行役員などによって経営されるが，これらの人員は各親会社から派遣されている場合が多く親会社の利益を代弁することを要求される。また一方では合弁会社の人員として合弁会社に対して忠実義務を負う。日常の経営においてそのはざまで悩むことも多く，また合弁会社に深刻な事態が発生して両親会社の意見が対立するような場合には余計に事態の打開が困難となりやすい。それを想定して，両親会社の人員が集まって運営委員会，経営委員会あるいは株主協議会といった機関を作って懸案事項の協議を行う場合がある。このような機関の決定を会社法上でそのまま正式の機関決定とするような措置をとることも場合によっては可能である。ただ，たとえ正式の意思決定とならなくても，合弁をスムーズに進めるために役立つようであれば非公式機関として利用していけばよかろう。

(4)　少数株主保護（マイノリティ・プロテクション）

　合弁会社の意思決定は通常は株主総会または取締役会において行われる。株主総会または取締役会の決議事項を増やせば増やすほど，社長や執行役員

に属する日常業務の決定権限が狭められることになる。社長を出していない方の当事者はこのようなやり方を希望するであろう。しかし，一方で株主総会や取締役会による意思決定を見てみると，50/50の合弁の場合は両当事者は全く対等の立場にあるが，出資比率に差がついている場合には（法定の株主総会特別決議事項を除いては）株主総会は多数株主によって決せられるし，取締役会は多数株主を代表する多数取締役によって決せられてしまう。出資比率に大きな差がついている場合はこれでもよいだろうが，そうでない場合には少数株主の意向が反映されないために共同事業たる合弁の意味が失われる。そこで特定の重要事項に関しては，少数株主の意向を反映させるために両当事者の合意がなければ意思決定ができない旨を合弁契約に定めることになる。少数株主に拒否権を与えるわけであり，これが少数株主保護（マイノリティ・プロテクション）と呼ばれるものである。合弁契約交渉では多数株主はここに含まれる条項をできるだけ減らそうとするし，少数株主はできるだけ増やそうとする。そのため，少数株主保護条項についての交渉は合弁契約交渉の最大のハイライトになることが多いのである。

　少数株主保護条項の対象としてあげられる可能性のある条項は数多いが，中長期経営計画，子会社の設立，株主総会の議題，予算の編成，決算書類・利益処分の承認，代表取締役・執行役員の選解任，新株発行，株式譲渡の承認，重要従業員の選解任，社債の発行，一定金額（例えば5,000万円）以上の借入・保証，一定金額以上の投資・株式取得・財産取得，重要な訴訟の提起などが考えられる。

　具体的な少数株主保護条項の書き方としては，株主総会の場合には両株主の一致，全株主の一致（100％の賛成），決議要件の加重（例えば80％以上の賛成など），取締役会の場合には全会一致，決議要件の加重，各当事者の指名した取締役の少なくとも一人ずつの賛成を要件とするなどの手法が考えられる。これらの内容は通常は合弁契約上の規定を念頭においているが，各国会社法のもとでも効力を持たせることができる場合が多いと考えられる。日本の会社法で考えてみると，まず拒否権付種類株式（108条1項8号）を使用すれば，当該種類株式の発行を受けた少数株主の同意がなければ議決ができないことになる。しかも，この拒否権の対象とするために株主総会や取

締役会の決議事項を法定のものから拡大することも可能である[16]。また，もう一つの方法としては株主総会や取締役会の定足数や多数決比率を加重することが可能である。株主総会については旧商法でも解釈上認められていたようではあるが，会社法では加重できる決議が明示されている（309条）。取締役会でも加重できることは明らかである（旧商法260条の2, 1項，会社法369条1項）。なお，新会社法では取締役会が必須の機関ではないため，取締役会を置かない場合には，株主総会の議決における措置と社長・副社長や業務執行役員の業務権限の規定によって少数株主保護を図っていく必要があろう。

(5) **株式譲渡制限**

合弁会社は各当事者が株式または持分を持ち合う団体組織であるが，相手方当事者との信頼関係によって共同で事業を営もうという要素が強いためにその構成員の変更は原則として受け入れられない。ただ，会社形態をとっている場合には株式の自由な譲渡が原則となっているために，その例外を作り出す必要が生じる。これが閉鎖会社としての合弁会社における株式譲渡制限の問題である。通常は株式譲渡制限は合弁契約で記載するが，それに会社法上での裏打ちがないと契約違反で譲渡された場合に譲渡行為自体は有効となってしまう。

まず最も極端な例としては，いかなる譲渡も認められないとする絶対的譲渡禁止が考えられるが，実務としてもここまで縛る必要性はなかろう。一方で，合弁の初期において事業が軌道にのるまでの間，例えば3年とか5年の間は一切の譲渡を認めないとすることは現実的な約束として十分に考えられる。ただし，持株を譲渡して合弁から抜けたいとする当事者の持株の合弁会社または相手方当事者による買取も認めない形は，たとえ期限付きでも株主を会社にロックインすることになる。これは会社形態や各国法によっても異なるものの，そのまま定款に記載して実効性を得ることができない場合が多い。ただ，そうであっても定款には会社法に従った実効性のある譲渡制限の

---

16) 大杉・前掲注15), 40頁。

形を定めておいて，両当事者の間での精神的な拘束として期限付きの絶対譲渡禁止を合意しておくことは意味のあることかもしれない。

会社法では，会社の承認を条件として株式の譲渡を認めるという形で譲渡制限がなされることが多い。日本の旧商法では，定款で譲渡を取締役会の承認を条件とする形のみが認められていた（204条1項）が，新会社法では株主総会，取締役会，定款で定めるその他の機関が承認することができることとなり柔軟になった（139条1項）。会社が譲渡を承認しない場合には，会社自身を含む他の買主を指定しなければならない。これによって売りたいと思う株主は会社にロックインされることを免れる。合同会社や有限責任事業組合の場合には組織の存立目的自体が閉鎖的なものであるため，原則として持分譲渡には他の構成員の承認が必要である。この場合には，代替の買取を行わなくても単に承認しないだけでいいため，合弁には適している。

一方で，合弁契約には単に譲渡の条件として相手方または合弁会社の承認を要するというだけではなくて，いわゆる先買権または第一拒否権（first refusal right）と呼ばれる権利を規定するのが普通である。これは，一方当事者がその持株（全部または一部）を第三者に譲渡したい場合には，相手方当事者に対して当該第三者への譲渡と同じ価格・同じ条件で売却する旨のオファーをしなければならないとするものである。一定期間内に相手方当事者が購入の意思を表示しない場合には，当該第三者にその価格・条件以上の価格・条件で売却することができる。なお，日本の会社法では，合弁の各当事者が譲渡を希望する場合に，定款でその相手方当事者を指定買受人と定めておくことによってこの先買権を定款上で保証しておくことができる（140条4項）。なお，三者以上による合弁である場合には，譲渡を行わない当事者がその出資比率に従って先買権を持つのが合理的である。また，第三者に譲渡する条件として，その第三者が合弁契約のすべての条件に従うことを定めておくのが普通である。もっとも，当事者が変わると合弁が変質する可能性が高いので実際にはこの場合には新たな交渉が必要になろう。

持株譲渡制限の例外として譲渡の相手方が譲渡当事者の関連会社である場合を定めておくこともよく行われる。ただ，この場合には事業の確実な遂行を担保するためには，譲渡当事者に譲渡後も契約履行に関して重畳的な責任

を負わせておくことが必要である。

(6) 増資と保証

　出資比率は合弁契約の枠組みの中で最も大切なものであるため，両当事者の合意がなければそれを変えることができないのが大原則である。従って，増資を行う場合にはそのときの出資比率に応じて新株を引き受ける権利つまり新株引受権を株主に与えておくことが必要である。また，新株発行自体を両当事者またはその任命した各取締役の合意事項とすることが必要であり，会社法の規定でそうなっていない場合には合弁契約の少数株主保護の対象事項としておくのが普通である。

　合弁会社の資金調達の方法としては，増資と株主からの借入のほかに金融機関等からの借入が考えられる。金融機関等の第三者からの借入の場合には親会社の保証が求められるのが普通である。合弁契約では，合弁会社が第三者からの借入を行うときに親会社の保証を求められる場合には両親会社が協議して決定するが，保証を行う場合には出資比率に基づいて行う旨が記載される。

(7) 付随契約

① 合弁会社と親会社との間の諸契約

　合弁事業を進めていくために両親会社は主に合弁契約を通して，出資，貸付，経営指導，人員派遣などの形で合弁会社の経営や事業展開をサポートしていく。また，それに加えて親会社は様々な形で行われる合弁会社との取引を通しても合弁事業をサポートしていくことになる。各当事者の合弁会社に対する協力義務を実現するために合弁会社との間で様々な契約が締結されるが，これらは合弁契約の付随契約と呼ばれる。合弁会社には当初は技術がないため，技術援助契約や特許ライセンス契約は製造合弁にとっては不可欠である。また，高性能の製造設備を備えたり良質の部品や原材料を効率よく調達するためには，親会社との間に設備売買契約や部品・原材料売買契約が必要である。また，合弁会社は設立当初は製品の販路を持たないことも多く，またそもそも合弁会社に営業・マーケティング機能を持たせないこともある

ので，そのようなときには製品の売買契約を締結しなければならない。合弁会社の製品に親会社のブランドを付ける場合には商標ライセンス契約が不可欠であり，また合弁会社に親会社の社名を付す場合には商号ライセンス契約が締結されることもある。合弁会社の工場や事務所を現地合弁当事者が提供している場合には，不動産の売買契約や賃貸借契約が必要である。この他にも融資契約，秘密保持契約，経営委託契約，各種の業務委託契約など，多くの契約が関わってくる可能性がある。

② 利害対立の問題

付随契約は親会社の合弁会社への協力という側面のほかに利害対立という側面も持っている。合弁契約の当事者は，合弁会社から見れば親会社であると同時に付随契約に関しては相手方当事者となるわけである。付随契約は形の上では独立した契約であるが，実際には合弁会社と一方の親会社の契約であるために様々な利害が入り組んでくることが多い。親会社は合弁を育てていかなければならないわけであるが，場合によっては自らの利益を優先したいと思うこともある。例えば，古くなった製造設備を合弁会社に高く売りつけたり，合弁会社からすれば部品・原材料を現地で安く調達できるのに親会社のものを押し付けたり，合弁会社の製品を安く買いたたくように，技術契約よりも売買契約でこのような現象が起こる可能性が高い。これらの行為は合弁会社にとって不利益であるだけでなく，合弁会社のもう一方の株主であり経営者である相手方当事者にとっても大きな不利益となってくる。場合によっては深刻な利害の対立で合弁事業がうまくいかない要因となることもあるので注意すべきである。また，このような行為を行う合弁当事者から合弁会社に派遣されている役員や従業員は利益相反，双方代理という法的問題をきたす他に心理的に板挟みになって悩むこともある。

③ 付随契約の交渉とクロージング（closing）

これらの付随契約のほとんどが合弁事業の遂行のために重要な契約であり，また付随契約の当事者でない相手方にとっても利害があり関心が高いため，通常は合弁契約の交渉と同時に並行して行われる。その意味では付随契約の交渉は，実質的にはその契約の両当事者ではなく合弁の両当事者の間で行われることの方が多いと言えよう。そこでは契約の当事者でない方の相手

方がむしろ合弁会社の立場になって交渉することになる。また，合弁会社に責任者として派遣される人員が内定している場合には，その人を交渉に加わらせる。

　合弁契約には通常かなりの数の添付書類がつけられるが，付随契約もその重要な一部となる。合弁事業を合意通りに進めるためには，合弁契約だけでなく付随契約が締結されて実行されなければ意味がなくなってしまう。従って両者の関連付けをきちんとするために，付随契約の成立を合弁契約の成立の条件とすることが多い。通常は合弁契約には，ある時点ですべての必要手続が完了してこれから正式に合弁事業を進めるという意味でのクロージングという条項が入れられる。クロージングが行われる条件として，政府認可や各当事者の取締役会の承認などに加えて付随契約の締結があげられる。テクニカルに言えば，合弁契約は調印とともに発効しており合弁会社の設立手続も行うが，クロージングが予定通り行われない場合には合弁契約は解除され合弁会社は解散されることになる。

　また，付随契約の終了を合弁契約の終了とリンクさせておくことが必要な場合もある。付随契約の重要性によってはその付随契約の満了・解除・終了がその当事者にとって合弁契約を継続する意味を失わせる場合もあるからである。

　なお，付随契約というわけではないが，合弁契約には親会社の競業避止義務を規定することが多い。合弁は通常は企業のある特定の事業部門を切り出して合弁企業に移管するものであるから，親会社で同じ事業を継続することはビジネス判断として非効率であるだけでなく，合弁会社の事業の発展を阻害するからである。ただ，ある事業の特定の一部を移管した場合には親会社に残した事業との区別を明確にするような定義をする必要がある。

　(8) デッドロック

　合弁会社の運営や経営方針，事業の拡大，資金調達，将来の方向性などの重要な経営事項の決定や日々の個別事項の意思決定において，両当事者の意見が一致せず話し合っても解決策が見出せないことがある。場合によっては合弁会社の存亡に関わるようなこともある。これをデッドロックといい，株

主総会や取締役会，またその他の執行過程において発生する。合弁が両当事者の合意に基づく運営を前提としている限りある意味でデッドロックの発生は必然である。50/50の合弁の場合にはすべての局面においてデッドロックが発生し得るが，出資比率に差のある合弁の場合でも少数株主保護のメカニズムがある限りはデッドロックが発生するのは避けられない。両当事者の意思を尊重し共通の意思を見出そうとすればするほどデッドロックが発生しやすくなるようになっている。

　デッドロックの処理法や解決法は必ず合弁契約に書かれる。通常は，両当事者のトップが誠意を持って話し合ってその解決にあたることとなるが，その場は常設の運営委員会や経営委員会でもいいし，アドホックの会合でもいい。ここでどうしても解決できない場合にどうするかが問題である。仲裁や裁判による解決が考えられるが，デッドロックの問題は法的問題ではなく合弁会社の事業をどのようにしていくかというビジネスの問題であるため，仲裁や裁判が適しているとは思えない。結局は合弁を解消するしか適切な方法はないということになってしまう。合弁解消のやり方に関しては，二つの方法が考えられる。一つは株式・持分の売買であり，一方当事者が他方当事者に売却して，購入した側の単独事業として継続されることになるわけである。50/50の合弁の場合にはこのメカニズムは両当事者対等にする必要があるが，出資比率に差のある合弁でのデッドロックの場合には多数当事者に買取オプションを与える方が適切かもしれない。もう一つの方法は言うまでもなく合弁会社の解散である。デッドロックの解消法については様々なことが考えられているが，結局は効果的な処方箋はないというのが解答のようである。合弁は両当事者の協力してやっていこうという意思と信頼関係によって築かれているわけであるから，その協力意思と信頼関係が崩壊した場合にはもはや合弁を継続することは不可能であって，如何にスムーズにかつ公平に解消を行うかを考えるしかないであろう。また，逆に言えば深刻なデッドロックに陥れば合弁関係の解消しかないということを念頭において，両当事者と合弁会社にとって最も良い解決策を粘り強く探っていくことが必要となるわけである。

6. 合弁の終了・解消 (Exit)

(1) 総論

合弁契約には期間の定めをおかないのが普通である。ただ，特定の期間が明確に定められているプロジェクトについては合併契約の期間を定めることも考えられる。なお，中国やベトナムでの合弁の場合には20年などの形で合弁期間を定めることが多い。期間をおく合弁の場合には期間の満了により合弁が終了することになる。

合弁事業が順調に展開されているうちは合弁内部や両当事者間にもトラブルが起こることは少ない。しかし事業が思うように進まなかったり利益があがらなかったりして合弁が行き詰ってくると様々な軋みが発生してくるし，それが解決できない場合には最終的には合弁の終了・解消という事態に至ることになる。海外合弁の場合には撤退ということになるが，ビジネスの面からみて撤退の事業判断は投資を始めるより難しい。一方，撤退には法的にも多くの問題が考えられるが，合弁の枠組みの解消という面に絞って考えてみる。合弁の終了・解消の仕組みをどれだけ詳細に合弁契約に記載しておくか（exit条項と言う）はケースバイケースであり考え方の違いにもよるが，一般にアメリカ人弁護士のドラフティングではあらゆる事態を想定した長い条文となることが多くその交渉には手間がかかる。一方で，これらの条文が実際の解消時にどれだけその通りに機能するのかは疑問である。ただ，両当事者が実際に合弁解消の可能性を念頭においてそのメカニズムの大変さを認識しながら交渉していくとすれば意味のあることとも考えられる。以下に合弁終了のパターンを分類しながら解説する。

(2) 合弁終了の結果による分類（株式譲渡と会社解散）

合弁が終了した場合の処理の方法としては株式の譲渡と合弁会社の解散が考えられる。合弁が解消されても現に進められている事業はできればそのまま継続した方が有益である。そのためには株式譲渡が必要であるが，それには一方当事者が第三者に持株を譲渡して撤退し新しい組み合わせで合弁が再開される場合と，一方当事者が相手方当事者に持株を譲渡して撤退し相手方

当事者の単独事業として続けられる場合がある。どちらのケースも通常の事業展開の過程で発生するものと合弁の破綻の結果として発生するものとが考えられる。通常のビジネスの過程で発生するものは両当事者とも納得ずくであり，合弁契約と定款の上で整合性をとるだけであるので特に問題はない。例えば，日米の企業の合弁で日米両国に合弁会社を設立していた場合に，合弁を解消してそれぞれの当事者が一つずつの合弁会社を自らの単独事業として継続するような場合が考えられる。

　一方で，合弁の破綻による終了・解消の場合には両当事者に利害の対立があるので調整は難しい場合が少なくない。第三者に対する譲渡については，株式譲渡制限との関係ですでに上述したが，当事者間の譲渡を考察してみよう。当事者間での合意がない状態で当事者間の譲渡を規定するのは易しくないが，最も考えやすいのは当事者にオプションを与える場合である。一方当事者が相手方当事者の持株を購入するオプションは買付選択権（call option）であり，自らの持株を相手方当事者に買い取らせるオプションは売付選択権（put option）である。また，一方当事者が両方のオプションを持ち，いずれかの権利を行使することができるようにする場合もある。合弁の破綻の責任が一方当事者のみにある場合には，このように相手方当事者のみにオプションを与えることになるが，デッドロックによる破綻の場合のように両者対等の場合には両当事者が同等の権利を持つことになる。例えば，一方当事者が相手方当事者に買取を請求したが相手方が一定期間内にこれに応じない場合には，自らが買付選択権を持ったり，その逆に先に相手方の持株の買取の申込をして相手方が応じない場合には相手に買い取らせる場合もある。いずれにせよ，買付売付ともにうまくいかない場合には，解散につながるような規定も必要になろう。

　株式譲渡においては価格の決定が最も困難となる。第三者に対する譲渡で価格が第三者との間で合意されていて先買権の手続を取る場合は問題ないが，その他の場合にはいろいろな価格決定メカニズムが考えられる。財務諸表に基づいて決める場合には純資産をベースにする方式，過去の収益をもとに将来の収益を予測する収益還元法式，両者の混合方式（中間値など），将来のキャッシュフローの現在価値を引き出すDCF方式（discount cash flow）

などが考えられる。また，価格の決定を会計士事務所の判断に委ねる場合や仲裁か裁判で決定することもある。

　会社の存続ができない場合には会社を解散させるしか方法はない。合弁契約では会社法と連動する形で解散事由について定めておく。日本の会社法の解散事由は定款で定めた存続期間の満了，定款で定めた解散事由の発生，株主総会決議，合併，破産手続の開始，解散を命じる裁判となっている（471条）。後述の合弁終了事由の中から定款に書けるものを書いておくとよい。

(3) 合弁終了の原因による分類（その1：合弁会社の理由）

　合弁終了の原因としては，合弁会社とその事業に関連するものと合弁の当事者に関連するものとが考えられる。以下の事象は前者に分類される。

① 事業目的の終了

　これは建設工事とかディベロッパー事業のようなもともと会社組織をとらないものに多いのでその終了はあまり問題とならない。ただ，共同研究開発の合弁などの場合には会社組織のものもあるので，その場合には合弁終了事由として合弁会社を解散するよう契約に定めておけばよい。

② 合弁目標の不達成と事業の破綻

　行政の許認可が取得できないとか必要不可欠の不動産が入手できないとかにより合弁の事業目的の不達成が明確となった場合も合弁終了事由として契約に定めておく。合弁が破産・支払不能・会社更生の申請など法的な破綻状態をきたした場合も当然終了事由となる。ただ，そこまで明確な状態ではなくとも予想に反して赤字続きで事業目的が達成できないというような場合には，会社の業績・経理がどのような状態になったことをもって終了事由とするかが明確でないため，これを合弁契約に書くことは難しい。ただ，合弁会社の解散に董事全員の賛成と当局の承認が必要な中国の合弁の場合には明確な記載をしておく必要がある[17]。この②の場合も合弁会社の解散となるであろう。

---

17) 例えば，「○年度以降，合弁会社が3年連続して欠損を生じ，または欠損の累計額が登録資本の100％を超過した場合」のように記載される。

③　デッドロックの場合等

合弁会社の経営方針や重要な問題について両親会社の意見が対立して意思決定ができず，両親会社のトップを含めた交渉でも解決できないような場合には合弁を解消するしかない。この③の場合には①②の場合と異なり，各当事者にオプションを与える形の株式譲渡による解決を模索してそれでもだめな場合に会社の解散となる。また，具体的なデッドロックというわけではないが，一方当事者が合弁事業を終息させたいが相手方当事者は継続したいとして合弁解消に反対する場合がある。会社法との整合性は別にして，このような解消を合弁開始から一定期間経過後に認める場合には，終了したい当事者に売付選択権を認めざるを得ないであろう。

なお，合弁会社に起因する合弁終了事由である上述の①②③の場合はそれが両当事者にとって中立的なものであるため，合弁の終了については原則として両当事者が対等の立場に立つことになる[18]。

(4)　合弁終了の原因による分類（その２：合弁当事者の理由）

合弁終了の原因が合弁会社自体ではなくて合弁の一方当事者に関連するものとしては以下の事象があげられる。

④　一方当事者の破産状態

一方当事者の破産・支払不能・会社更生の申請などの法的な破綻状態は合弁の継続を不可能とするため合弁終了事由とする必要がある。

⑤　一方当事者の債務不履行

一方当事者の契約の不履行は重要な合弁終了事由である。ただ，些細な違反で合弁の解消に至るのは不合理なので重大な違反で相手方当事者からの通知によってもその瑕疵が一定期間内に治癒できない場合に限るべきである。また，合弁契約には多くの付随契約が添付されており，それらのうちには合弁事業の根幹をなすようなきわめて重要なものも含まれているため，そのような重要な付随契約の不履行も終了事由に入れるべきである。

---

[18]　一方当事者による撤退の権利を認める場合には少し違ってくる。

⑥　一方当事者の支配関係の変更（change of control）

一方当事者の大株主が変わるなどその支配関係に大きな変化があった場合には，相手方当事者としてはそのまま合弁を続けられないことも多いため，これも合弁の終了事由と考えられる。ただ，何をもって支配関係の変化と見るかを明確にするために何らかの定義は必要であるが，実際には詳細な定義は事態の解決のための柔軟さを失わせることにもなるので慎重な記載が必要である[19]。このような支配権の変更は change of control と呼ばれて他の終了事由とは別項目とされることもある。

合弁の一方当事者のみに起因する④⑤⑥の合弁終了事由では，その原因をつくった側の当事者に落ち度があると見なされる。そのため，その処理のためには相手方当事者に一方的なオプションを認めるなど相手方当事者を有利に扱うのが特徴である。このうち④⑤（場合によっては⑥の change of control も含めて）は event of default として同一の処理がなされる。この場合には，相手方当事者に買付選択権のみを与えるもの，買付選択権と売付選択権を選択行使できるとするもの，さらにこれに加えて合弁会社解散の選択肢も与えるものなどさまざまな規定が考えられる。また，売買価格についても，評価額が低く出やすい純資産方式と高く出やすい収益還元方式の両方を計算して，相手方当事者が買い取る場合は価格の低い方，売る場合には価格の高い方という定めをおく場合もある。

(5)　合弁終了の後始末

合弁会社の解散に際しては会社法上の手続に従うことは当然であるが，合弁として考慮すべきは損失の分担，残余財産の分配，各当事者との債権債務の整理などがある。債権債務は清算するのが原則であるが，債権放棄や弁済繰り延べなどが必要となることもある。また，損失の分担や残余財産の分配は原則としては出資比率に基づいて行われる。

合弁会社が一方当事者の事業としてあるいは他の組み合わせによる合弁と

---

[19] substantial change, take over control, change in control which will have substantial adverse impact on the business of joint venture などの文言が使われている。

して存続する場合には，撤退当事者と合弁会社との間に締結されている技術援助，特許ライセンス，商標ライセンス，商号ライセンス，部品原材料供給，製品売買などの諸契約の処理が問題となる。合弁終了とともに解除できるように合弁契約に定めるのが通常であるが，合意によっては継続するものもあり得るであろう。ただ，商標ライセンス，商号ライセンスが継続されることはほとんどなく[20]，これらについてはむしろ撤退の場合にロックインされて外せないようなことにならないよう十分注意する必要がある。また，合弁会社の研究開発機能によって新たに合弁会社に生じている知的財産権の扱いについては，撤退当事者も共有者になるとかライセンスを受けるとかの取り決めを合弁契約に入れておくこともある[21]。

7．合弁と独占禁止法

合弁事業は複数の企業が研究開発・製造・販売といった事業を共同で行っていこうというものであるから，何らかの意味での競争制限効果が発生する可能性がある。そのため，合弁を行う場合には常に独占禁止法への適合性を考慮しなければならない。一般的に合弁には競争促進的効果と競争制限的効果の両方が考えられる。両当事者がその持てる資源を持ち寄って共同で一つの事業を展開していこうというものであるから，新しい事業主体を生んだり，より強力な事業主体を生むことによって他社に対する競争力を高めていくことが考えられる。一方で，両当事者が別々に行っていた事業を統合するとすれば競争者の数が減るし，また合弁に付随して取り決める様々な合意には少なくとも形式的にみて競争制限的なものが含まれていることも考えられる。競争促進的効果が競争制限的効果を上回っている場合に合弁が適法とされるわけであるが，この判断は難しいこともある。以下で，各国の独占禁止法と独禁当局の考え方にふれてみる。

[20) 商標ライセンスに関しては，在庫の販売に関してのみ認めるという合意もあり得る。
21) これに関しては解散の場合も同様である。

(1) 日本

　独占禁止法上では，合併・会社分割・営業譲渡を伴うもの（15条，15条の2，16条）と株式取得によるもの（10条）とに分かれており，いずれも競争を実質的に制限するものは禁止されている。ただ，前者には総資産や売上等の数字が一定限度を超える場合に事前届出が要求されているのに対して，後者には事前届出は要求されず一定の場合に事後報告のみが要求されている。ただ，合弁が設立されてから解散・売却などの処分を要求されても困るので，実務では後者の場合においても公正取引委員会に事案を説明して相談している。

　日本では実体面で合弁に対する全般的な判断基準はない。ただ，参考となるものとしては，2002年に発表された「業務提携と企業間競争に関する実態調査報告書」の中にある公正取引委員会の業務提携に関する考え方，2004年に発表された企業結合審査に関する独占禁止法の運用指針（2011年6月改正），1993年に発表された「共同研究開発に関する独占禁止法上の指針」（2010年1月改正）などがある。

(2) アメリカ

　アメリカの独占禁止法においては，合併や株式・持分・資産の譲渡についてはクレイトン法7条が適用され，それ以外の合弁や付随的合意についてはシャーマン法1条2条，連邦取引委員会法5条が適用される。企業結合規制に関する手続を定める有名なハート・スコット・ロディノ法[22]の規模の要件を満たす場合には同法に基づいた事前手続の義務が生じる。判断基準としては，2000年に司法省と連邦取引委員会が共同で作成した「競争事業者間の提携に関するガイドライン」[23]，1992年にできた「企業集中規制に関する水平的合併ガイドライン」（2010年8月改正），1993年に改正された「共同研究開発生産法」[24]などがあげられる。これらの基準や判例においては，合弁

---

22) Hart-Scott-Rodino Antitrust Improvements Act of 1976
23) Antitrust Guidelines for Collaborations Among Competitors
24) National Cooperative Research Act of 1984, amended and retitled as National Cooperative Research and Production Act of 1993

についての独占禁止法上の判断は当然違法ではなくて合理の原則で行うこととなっている。

(3) EU

EU の競争法における合弁の扱いは複雑である。まず両親会社がその事業から撤退してその市場で親子間でもはや協調が行われないような場合を集中型（concentrative JV）ととらえ，両親会社がその市場にとどまるような場合を協調型（cooperative JV）ととらえる[25]。また，会社組織はもちろんとして生産販売も親会社から独立して行うようなフルスケールの場合を全機能型（full function JV），そうでない場合を部分機能型（partial function JV）ととらえる。集中型の場合，また協調型であっても全機能型の場合で，一定以上の規模の要件を満たすものには EU の合併規則の企業集中に関する規制が適用されて事前届出の対象となる。ここでは，企業集中の観点からの市場支配力の審査を受け，さらに協調型の場合には 81 条の観点から審査を受けることになる。一方で，協調型でかつ部分機能型の場合には合併規則は適用されず，81 条で判断される。合併規則が適用される場合には，競争を著しく阻害するような要因がなければ原則として許容されるし，手続的にも事前審査申請に対しては 30 日以内に回答される。しかしその手続にかからなくて一般的に 81 条が適用される場合には，実体的にも審査基準が厳しい上に，一括適用免除や個別適用免除が得られなければ長く不安的な状態におかれる場合もあると言われる。このような両者の違った扱い方が批判されてきたが，合併規則が適用される範囲を拡大したり，適用免除を受ける要件を満たすような合意については EU 委員会の決定を必要とせずに有効としたりといった是正がなされてきている。なお，共同研究開発合弁と共同生産合弁（専門化契約と言われる）には一括適用免除に該当するための基準が定められている。

---

25) 両方の親会社ともその製品事業からは完全に撤退して合弁会社に移管してしまう場合は集中型に該当する。

第4節　企業買収

1. 総　　論

(1) 企業買収とM＆A

　M＆Aという用語が盛んに使われるようになったが，Mergerは合併を，Acquisitionは取得（企業買収）を意味する。これらが戦略的な企業同士の組織的統合であるとすれば，企業合弁も広い意味ではM＆Aの一形態ととらえることが可能である。また，企業合弁や企業買収を実現するための法的手段としては株式交換，株式移転，会社分割も考えられる。一方で，企業の戦略的企画の現場では包括的な意味合いで企業提携とかアライアンス（alliance）とかの用語もよく使われる。これは研究開発，生産，販売マーケティングなどの分野での組織的な統合にいたらないような提携関係も広く含んだ意味で使われている。ここではこのようなアライアンスの中でも組織的統合の形をとるいわゆるM＆A，その中でも特に企業買収をとらえて分析していく。企業買収には後述のように資産買収と株式買収とがあるが，ある生産設備だけを購入するような資産買収とか資金運用のためにポートフォリオとして株式を購入するような株式買収とかは含まれず，買収対象企業の経営権・支配権を取得するために買収を行うものを指す。

(2) 企業買収の意味合い

　企業買収は敵対的なものも含めて欧米，特にアメリカでは盛んであるが，従来日本ではそれほど盛んに行われてきたわけではない。もともと自前で事業を起こし内部で成長していくことが中心であった上に，企業買収にはどうしても身売りとか乗っ取りとかいったマイナスイメージが伴うことなどが原因であったと考えられる。ただ，90年代の不況を経て，また最近の規制緩和や株主意識の向上の中でそういった抵抗感が徐々に薄れることによって，不況部門を売却したり買収によって効率的な事業拡大を図ったりすることがそれほど珍しくなくなったと言えよう。敵対的買収にもライブドア事件以来

さまざまな議論が展開されてきたが，こちらは日本では現実的に展開されるのはまだまだ先のようである。

　企業買収では，売手よりも買手にとってよりリスクが高いことは言うまでもない。売手は売買代金をきちんと受け取れば問題ないのに対して，買手は買い取った企業を使ってこれから事業を経営していこうとするからである。企業買収は企業にとっての重要な経営戦略として行われるがその目的はさまざまである。そのままあるいは企業再生をしてからすぐに転売しようとするような場合はここでは議論の対象から外すとしても，基本的には手っ取り早く事業の分野や規模を拡大して売上や利益を増やそうとするものが基本と思われる。ただ，主に個別の事業目的のために企画される買収も少なくない。その例としては，生産拠点を確保するためのもの，販売網を確保するためのもの，研究開発拠点を確保するためのもの，現地の人材を獲得することを主眼とするもの，ブランドを含む知的財産権を取得するためのものなどが考えられる。

(3) 新規投資か企業買収かの選択

　新たな事業を始めるときには（新規に海外に進出する時を含め），選択肢として何もないところに一から事業を立ち上げる方法と，すでに事業を行っている既存の企業を買収する方法とが考えられる。家を取得する場合に，土地を買って新たに建物を建てるか，建売（新築または中古）を購入するかの選択に対応するものである。前者はグリーンフィールド投資と呼ばれるが，そのメリットは白紙に初めから自分で絵を描くように，自らの計画に沿った投資を自らの意思の通りに進めることができることである。また，何もないところに新たな投資が生まれるわけであるから，現地にとっても技術移転，雇用の増加，税収の増加などの観点から歓迎される場合が多く投資奨励策の恩典を受けることができる場合もある。逆にそのデメリットは新規に立ち上げるわけであるからコストと時間がかかることであり，単独進出の場合にはなかなか現地のやり方になじめない場合も少なくない。一方で既存の企業を買収する場合のメリットは，買収対象はゴーイング・コンサーン（going concern）としてすでに事業を行っているわけであるから手間がかからず，

事業を軌道にのせるまでの期間が短くてすむことである。逆にデメリットとしては，そもそもグリーンフィールド投資の時のように自分の設計図にぴったり合った買収対象が見つかるかどうかということがあるし，買収した後も収益性が期待したほどではないとか思わぬ責任を背負い込んでしまったとかの不測の事態が考えられる。もちろんこれらは買収時にデュー・デリジェンスによって調査・確認しておかなければならないことではあるが，調査・確認漏れのリスクは残る。また，投資受入国からすればすでに操業している企業のオーナーが変わるだけであるため新たなメリットは生まれにくく，投資奨励策のメリットよりもむしろ外資に対する投資規制のデメリットを受ける可能性もある。

(4) 友好的買収と敵対的買収

　友好的か敵対的かの違いは買収対象企業の経営陣が買収に納得しているか反対しているかである。日本ではかつてもいくつかの敵対的買収の事例が見られたし，特に最近では有名なライブドア対フジTV／ニッポン放送の事件を皮切りに，楽天対TBS，アオキ対フタタ，王子製紙対北越製紙，スティール・パートナーズ対サッポロ・ホールディングおよびブルドックソースなど多くの事件が報道されている。しかし強引さを嫌う国民性からか，事案のセンセーショナルさのわりには実質的に成功した敵対的買収はほとんどないのが実情である。アメリカでも80年代には敵対的買収の嵐が吹き荒れたが，90年代以降はその行き過ぎが指摘され，買収防衛策も完備されて件数は減少してきたと言われている。敵対的買収の場合には，大株主または一般株主から強引に株式を買い取ろうというのであるから当然ながら買収価格は高くならざるを得ない。また，経営陣の協力が得られないためデュー・デリジェンスができず，そのため大きなリスクを背負わなければならなくなる。一方で，友好的買収は経営陣も含めた対象企業と合意の上で行われるため，買収交渉のタフさは別としても，最大限のリスク軽減を行った上で取引を行うことができる。以下では友好的買収を前提として，そのプロセスについて検討していくこととする。

(5) 資産買収と株式買収

　企業買収の法的手法としては，資産買収と株式買収が考えられる。ここでいう企業買収の場合は原則として既存企業の営業のほとんどまたはある事業部門全部を買収する場合であろうから，日本の会社法上は「事業の全部の譲渡」または「事業の重要な一部の譲渡」を指す事業譲渡に該当する（467条）。株式買収が買収対象企業自体はそのままにした形でのオーナーチェンジであるのに対して，資産買収は法的には個別資産の売買であるため不良債権や在庫の引き取りを避けるなど譲渡対象の選別を行うことができる。もちろん分社化されていないある特定の事業部門のみを買収することも可能である。また，貸借対照表上表れない簿外債務や製造物責任とか環境汚染責任とかいった偶発債務を引き継ぐリスクを避けることができる[26]。また，税務上のメリットとしては，買収に際して発生する超過収益力を示す営業権（のれん，goodwill）を償却することができることがあげられる。一方で，資産買収のデメリットは，個々の契約関係や権利関係をそのまま引き継ぐことができないために手続が面倒になる点である。契約やそれに基づく債権債務にはそれぞれ更新・承諾・通知などの手続が必要なだけではなく，相手方の思惑によっては引き継ぎのできない場合も出てくる。政府の許認可や不動産の権利移転手続も新たに行わなければならないし，労働協約についても新たな交渉が必要な場合もある。また，税務の問題としては，法人が異なるために譲渡会社の繰越欠損金を使うことができないという大きなデメリットがある。

　株式買収については資産買収の裏返しとなるがその場合のメリットとしては，法人格ごと一括して譲渡されるために取引がシンプルであり，契約関係，不動産権利関係，政府許認可，労働関係などに関しても通知等の最低限の手続以外は不要であることがあげられる。また，譲渡会社の繰越欠損金を使用することができるのは大きなうまみである。これに対して，株式買収のデメリットは，簿外債務や偶発債務も合わせて引き継いでしまうことであるが，きちんとしたデュー・デリジェンスとそれをもとにした契約上の責任の限定

---

26) 日本の会社法によれば，事業の譲受会社が譲渡会社の商号を引きつづき使用する場合には，譲渡会社の事業によって生じた債務を負うとされている（22条）。

を行うことである程度リスクを避けることができる。また，税務上は営業権の償却ができないことがあげられる。

2．企業買収のプロセスと交渉の開始

(1) 企業買収のプロセスとメカニズム

ここでは友好的買収でしかも TOB などの手段をとらず，契約交渉によって企業買収を行う場合について検討する。企業買収のプロセスは概ね以下のようにとらえることができる。

　　売買相手方の決定 ⇒ 買収価格と形態の決定 ⇒ レター・オブ・インテントの調印
　　　　　　　　　　　　　　　　　　　　　　　　　　　　⇓
　　　　クロージング ← 売買契約書の調印 ← デュー・デリジェンス

(2) 買収チームの結成と買収交渉

　企業買収は社内の総力をかける必要があるためほとんどの場合に各部門の英知を集めた社内プロジェクトチームが結成される。順番としては，ある特定の対象を買収することが決まってからそのディールのためのチームが編成される場合と，買収対象を探すことまで含めたチームが編成される場合とがある。事業部門売却を行う場合も同様である。

　企業買収は大規模なディールと複雑な取引メカニズムを伴うので最善を尽くすために社外の専門家を使うのが普通である。中でも取引相手を探す手助けを初めとして買収価格や形態などについてのアドバイスや取引交渉の全般を仕切る立場のコンサルタントまたはアドバイザーの果たす役割は大きい。M&A コンサルタント業務は，アメリカ系を中心としたいわゆる投資銀行（investment bank），商業銀行，公認会計士事務所などが行っている。国際的な大きなディールの場合は大規模で世界的に有名なコンサルタントが必要であろうが，対象が中小企業や個人商店の場合にはそういう売主に特有の感覚や関心事を理解できるような経験のあるコンサルタントの方が向いていると言えよう。コンサルタントの報酬はいろいろな決め方があるが，買収価格に

リンクさせるのが普通である（価格帯によって料率が異なり，価格が高いほど料率は低い）。コンサルタントのほかに専門家として弁護士と公認会計士の果たす役割が大きいのは言うまでもない。買収の交渉を行うためにはお互いに交渉の前提となる情報の交換をする必要がある。特に売主が買主に対して提供する情報が圧倒的に多くなるのは当然である。この情報を保護するために両当事者は契約交渉開始と情報提供の前に秘密保持契約を締結する。

(3) 買収価格の決定

買収価格は交渉で決められるわけであるが，その算定の基礎となる計算方式としていくつかのものが考えられる。まず実際の市場価値を基準に考える方式がある。上場企業の場合にはその企業の実際の株価をベースに考えればよいが（株価評価方式），上場していない場合でも事業内容と規模，財務体質の似通った企業を選んでその企業の市場価格を参考にすることができる（株価比較方式・株価倍率方式）。また，過去の実際の買収事例を参考にして価格を決定する考え方もある（買収事例比較方式）。これに対して，対象企業の貸借対照表上の資産と負債を基準として考えるやり方は日本では比較的なじみやすい。これは資産から負債を引いた金額，つまり純資産をベースにそれに適切な修正を加えるものであり（純資産方式・修正簿価方式），静的な評価である。一方で，収益力を基準にしたものでは，買収対象の過去の純利益をベースにして今後の純利益を割り出すやり方（収益還元法）や企業の収益をキャッシュフローとして捉える DCF 方式がある。DCF 方式では，買収対象の将来にわたるキャッシュフロー（現金収入）を算出してそれを一定率で割り引いて現在価値に換算する。買収価格の支払はクロージングの時に行われるが，売買価格の一部を留保してクロージングから一定期間内に支払うようにすることもある。簿外債務や偶発債務の顕在化に対応するためでもある。

なお，価格決定のタイミングとしては，まず公開情報や事前予備調査で収集された情報に基づいて上記の方式を使ってベースとなる買収価格を決定し，それをレター・オブ・インテントに記載する。そしてそのあとで詳細調査であるデュー・デリジェンスを行った上で買収価格を調整して最終合意に

持ち込むということになる。

3．レター・オブ・インテント

(1) レター・オブ・インテントの意義

　企業買収交渉を開始してから最終契約締結に至るまでのプロセスの中で，両当事者間でその時点での基本的かつ重要な点についての合意を確認しておいてその後の交渉を誠実に進めていくことを約束するために比較的簡単な合意書を締結することが多い。これが基本合意書またはレター・オブ・インテント（LOI, Letter of Intent）と呼ばれるものであり，企業買収に限らず，交渉が長期間に及ぶようなプロジェクトの場合にはよく使われる。MOU（Memorandum of Understanding）という合意書もよく使われるがほぼ同じような機能を果たしている[27]。また，中国の企業との契約交渉ではレター・オブ・インテントにあたるものが意向書と呼ばれている。

　レター・オブ・インテントは必ず結ばなければならない契約ではないが，企業買収や企業合弁のような大規模かつ長期間にわたる交渉の場合には，最終契約が締結されるまでには相当の時間が必要である。従って，当事者間で基本的かつ重要な点についての合意を文書化することによって意思を確認し今後の交渉のベースとすることは意味のあることである。一般にレター・オブ・インテントは拘束力のない文書であると言われる。確かにそもそも両当事者が本契約を締結する義務を負っているわけではない場合が多いし，またその合意内容は今後の交渉で変わっていく余地を持っている。ただ，レター・オブ・インテントであるから必然的に拘束力がないものと考えてはならない。ある文書に法的拘束力があるかどうかはその内容とそれを取り巻く状況で判断される。従って，拘束力を持たせたくない場合はそのように記載することが必要である。気をつけなければならないのは独占交渉権が挿入されている場合である。独占交渉権は一定期間を区切って各当事者に他の相手との交渉をしてはならないと定めるものであるが，この部分については拘束

---

[27] MOU は日本語では覚書と訳されることが多いようである。

力ありとされる場合が多い[28]。

(2) レター・オブ・インテントの功罪
　レター・オブ・インテントを締結するメリットとしては以下が考えられる。ⓐ両当事者が主要項目についての合意を確認することができ，今後の交渉のための時間のセーブとなる。ⓑ今後の交渉スケジュールが明確になる。ⓒ法的拘束力はないとしても精神的・道義的な拘束力は感じるためある意味でコミットメントをした形となる。また，相手方の真剣さを感じることができる。ⓓ独占交渉権を入れた場合には，相手方が他社と交渉をすることを防ぐことができる（特に買主にとってメリットが大きい）。ⓔ金融機関に融資を申し込むときの証拠文書となり融資を受けやすくなる。
　逆にレター・オブ・インテントのデメリットは以下の通りである。ⓐ法的拘束力はないとしても内容に逆らえないような気持ちになり，内容を覆すような交渉をためらってしまう（これはメリットのⓒの裏返し）。ⓑ簡単な文書といっても自分の立場を守るために保守的になりすぎて，レター・オブ・インテント自体の交渉に時間やコストがかかってしまう。
　また，あえてレター・オブ・インテントを作成しないで，その代わりにさらに簡潔な文書を両当事者の確認のために作成することもある。これは，ターム・シート（Term Sheet）とかレター・オブ・インタレスト（Letter of Interest）とか言われるものである。

(3) レター・オブ・インテントの内容
　レター・オブ・インテントに記載される可能性がある条項は，買収価格お

---

28) 典型的な例が2004年に発生したUFJの信託部門の売却に関するUFJと住友信託銀行との係争である。本件では，UFJが住友信託銀行とのレター・オブ・インテントの中の独占交渉権の条項に違反して，三菱東京グループと信託部門を含む包括的な統合に関する合意を公表した。これに対して住友は裁判所に交渉禁止の仮処分の申立を行ったが，最高裁は住友の被保全利益は認めたものの保全の必要性を否定し申立を棄却した（2004年8月30日決定）。保全の必要性から住友敗訴となっているが，一審の東京地裁はレター・オブ・インテントの中の独占交渉権の条項の法的拘束力を認めており（2004年7月27日決定），それは東京高裁，最高裁においても肯定されている。

よび必要に応じてその算定根拠，買収形態，買収対象の範囲，支払条件，デュー・デリジェンスの内容，クロージングの条件，拘束力がないなどの文言である。これに加えて，秘密保持義務，公表に関する事項，独占交渉権，誠実交渉義務などが考えられるが，これらの条項には例外的に拘束力を持たせることが多い。なお，売主または買主が上場企業であって一定の要件を満たす場合にはレター・オブ・インテント締結の段階で公表することが求められる。公表された場合には，今後の契約交渉で本合意に至らなかったときのダメージは売主にとってより大きくなると言えよう。

4．デュー・デリジェンス

(1) デュー・デリジェンスの意義と目的

企業買収にあたって買主が売買対象となる企業・事業・営業・資産の内容について詳細に調査することをデュー・デリジェンスと言い，企業買収のプロセスにおいて特に買主にとってきわめて重要な作業となっている。買収対象の実態を知るためには財務諸表等の公開されている資料の分析は不可欠であるがそれだけでは不十分である。例えば，工場が長年の操業で地下に著しい汚染を引き起こしているとか，大変に不利で事業に悪影響をもたらすような契約をしているとか，労使関係が険悪であるとかいった公開資料に表されていない多数の問題を発見しまた事業の最新の実状を知ることが，買収対象の価値を正しく評価し買収のリスクを少なくするためには非常に重要となってくる。

デュー・デリジェンスの目的はいくつか考えられるが，第一は，買収対象の問題点とそれによるリスクを洗い出すことである。考えられる潜在的な問題点としては環境汚染，訴訟による偶発債務，労使関係，退職金債務，重要顧客との関係，長年にわたる違法行為の継続，経営陣間の関係，グループ会社の管理の手法，技術や知的財産権の管理などがあげられる。売主がこれらを認識しているかいないかにかかわらず買主の側でしっかり把握することによって，買収価格の交渉に反映させたり買収後に問題解決を図る手法をあらかじめ考えておいたりする対応が可能となってくる。あまりにも潜在的問題

が大きすぎると判断すれば，リスクを避けるためにあるいはそもそも買収に値しないという判断から買収の中止も検討しなければならない。この点に関しては，デュー・デリジェンスは，買収に際して取締役が善管注意義務を尽くしたことの証明にもなると考えられる。第二は，買収価格の最終決定のための材料となることである。もちろんレター・オブ・インテントに書かれる価格も十分な調査と計算方式によって出された重要な目安であるが，買収対象の真の価値はデュー・デリジェンスを経て初めて明確となる場合が多い。デュー・デリジェンスを通して価値の違いやリスクが明確となった場合には正式契約に記載されるべき価格を修正するのが望ましい。第三は，買収契約作成のベースとなることである。買収契約は詳細事象に影響されない定型フォームの部分も多いが，価格のみならず売主による表明と保証，クロージング条件，代金支払方法などデュー・デリジェンスの結果を踏まえて書かれる部分も多い。また，デュー・デリジェンス報告書に添付される資産・負債・契約などのリストはそのまま譲渡対象の詳述として契約書に添付して利用することができる。第四は，買収後に統合効果を促進するために買収対象の経営内容を十分に把握しておくことである。リスクファクターの認識はもちろんであるが，そうでなくても企業の特性を十分理解しておくことによって統合後にスムーズに経営を進めていくことができる。

(2) デュー・デリジェンスの方法

　デュー・デリジェンスは契約書締結の前に行うのが大原則である。稀に契約書締結後に行うことがあるが，よほど表明と保証の条項を充実させておかないと潜在リスクが発見されてもそれをクレームする手段がなくなるので買主にとっては危険である。デュー・デリジェンスは限られた期間で効率的に行わなければならないため，社内外の専門家を配置したチームを組むことが必要となる。弁護士や公認会計士はもちろんのこと，場合によっては環境や不動産の専門家もメンバーに入れる必要がある。大型買収案件の場合には大きな弁護士事務所や会計士事務所が若い弁護士や会計士を中心に大人数のデュー・デリ要員を組織することも珍しくない。社内外のメンバーでデュー・デリジェンスの進め方についての十分な打ち合わせと準備作業をし

ておかなければならない。デュー・デリジェンスの具体的な手法としては，書類や契約書等の資料のチェック，不動産・建物・設備・在庫などの現物のチェック，役員や従業員のインタビューなどが考えられる。会社法・登記法・許認可関係の書類や契約書は本社で閲覧することが多いが，それ以外の書類や現物チェックは工場や支社店，事業所，関連会社などの現場に出向いて行うことになる。インタビューに際しては質問事項を入念に準備して効率よく行うとともに，同じ質問を複数の人にするなどして結果の精度を上げる必要がある。一般的に言って，買主の開示要求は大きく，売主の開示提案は狭いのが普通であるが，やみくもに範囲を広げるのは非効率である上に秘密保持上の問題を起こす場合もあるのでバランスをとる必要がある。

デュー・デリジェンスの実施にあたっては秘密保持が重要となる。秘密保持には，売主のための（同時に買主のためでもあるが）開示情報の秘密保持の意味のほかに，未公表案件の場合にはデュー・デリジェンスを行っていることつまり買収が進んでいること自体を伏せておく意味もある。しかし，後者に関しては調査対象の従業員が買収プロジェクトを知らず調査の意図が理解できなかったり，秘密保持のためにデュー・デリジェンスの範囲を狭くしなければならなかったりする結果，十分なデュー・デリジェンスが確保できない恐れもある。ただ，一定規模以上の案件についてはレター・オブ・インテントの段階ですでに公表されていることが多い。

(3) デュー・デリジェンスの種類

デュー・デリジェンスの種類としては，財務デュー・デリ，ビジネス・デュー・デリ，法務デュー・デリがあげられるが，このほかに最近特にその重要性を増している環境デュー・デリを別項目としてあげることもある。財務デュー・デリは財務諸表をベースに行われることは言うまでもないが，会計基準，引当金の見積もり，在庫のチェック，不良債権の問題，退職金債務の問題，偶発債務のリスクなど詳細な実査で問題が発見される分野も多いし，また税務分野のチェックも重要である。

ビジネス・デュー・デリは事業の現況，収益性，将来性の把握であるが，これは買収のそもそもの動機であるため，デュー・デリ以前の問題として買

収を決定したときに相当程度把握されていなければならない分野である。ただ，この機会に買収対象企業の当該事業への取り組み状況を初めとして，生産・販売活動の詳細，技術の内容，顧客の状況，役員・従業員・労働組合を含む社内の実情についての精査が必要となってくる。

　法務デュー・デリは企業法務担当者と弁護士が中心となって行う分野であるが，この対象としては会社の株式・株主総会・取締役会等に関する現状，許認可・登記関連事項，法令遵守・コンプライアンス・CSR の状況，知的財産権の管理や行使，各種の契約書の条項，労務上の問題，不動産や動産の把握，子会社・関連会社の管理，訴訟や訴訟に至る可能性のある係争，環境問題といった広範なものがあげられる。このうち契約書のチェックに際しては，競合禁止条項，change of control 条項（買収によってその契約の相手方に解除権が発生する場合もある），独占的権利を付与する条項，保証債務を負う条項などに特に気を付ける必要がある。また，係属している訴訟に関しては原告の場合，被告の場合を問わず入念な検討が必要なことは言うまでもない。

　環境デュー・デリは極めて専門的な分野なので，法規制だけでなく技術的なことも含めてすべてに精通した環境の専門家や環境コンサルタントおよび環境に詳しい弁護士に依頼することが必要である。その内容としては，過去の汚染記録や法規制や許認可のチェックおよび現場の簡単な確認に始まり，必要に応じて土壌・地下水のサンプリングや地下のボーリングにも及ぶ。買主としてはすべての責任を売主に負わせたいところではあるが，利害の対立が激しくなることも多いので，将来のリスクを十分に分析した上で金銭的な解決を図ることも十分に考えられる。

5．売買契約とクロージング

　デュー・デリジェンスが終了するとその内容をふまえて売買契約書が締結されることとなるが，その内容についていくつか指摘する。

(1) 表明と保証（Representations and Warranties）

　表明・保証とは，売主が売買対象会社の過去および現在の一定事象について買主に表明し保証することであり，企業買収契約において最も重要な条項の一つである。表明・保証は相互主義であり買主の売主に対する表明・保証も行われるが，極めて簡単な内容となる。売主が買主に対して表明し保証する内容にはデュー・デリジェンスで明らかになった内容も含まれる。デュー・デリジェンスは慎重に行うことが必要であるが，買収対象のすべてを完全に調査するのは不可能であるため，売主の保証をとるわけである。デュー・デリジェンスの結果をベースとして売買価格の決定やリスクの配分が行われているため，その内容が真実でないということになると取引の前提が崩れることになる。従って，後日，売主の表明・保証違反，つまり表明・保証された事実が真実でないことが発覚した場合には，買主に救済が与えられることになる。

　表明・保証の内容はデュー・デリジェンスの対象とも重なるが，譲渡株式，財務諸表，在庫状況，税務関係，譲渡資産，労務関係，契約書，法令遵守状況，訴訟，知的財産権，リース，保険，年金，環境関係など多岐に及ぶ[29]。これに加えて，この取引に関連して売主が買主に開示したすべての情報が正確で真実であることを保証する完全開示条項（full disclosure）が入れられることが多い。

　保証・表明が無制限となるのは売主にとって酷であるから，期間による制限と内容による制限をつけることが考えられる。有効期間としては，クロージングから1年か2年が通常である。ただ，環境責任や税務上の責任など特定のものおよび売主が意図的に虚偽の表明を行った場合などについては，例えば5年といったより長い期間にしたり無期限としたりすることもある。表明・保証の内容を限定する手段としては，重要性によるものと「売主の知る限り」によるものとが考えられる。些細な表明・保証違反で売主が責任を問

---

[29] 筆者が手がけた契約の例では，売主の表明・保証の対象が（a）から始まって（z）を超えて，（aa）にもどって（nn）まで，合計で40項目に及んだケースもあった。
[30] 西村総合法律事務所編『M&A法大全』525頁（商事法務，2002年）。

われるのは不合理なことが多く，また契約から離脱したい買主が売主の些細な違反を口実に契約からの離脱や延期を主張するのは好ましくない。そのため，売主としては，買主にクロージングを行わない権利や損害賠償請求権を与えるのは重要な点に関する表明・保証違反に限定することを主張することが多い。重要性という曖昧さをカバーするためには，その違反が対象会社の業務に重要な影響を及ぼすものに限定することも考えられる[30]。また，表明・保証を行う売主としては現実にすべてのことを知っているわけではないので，「売主の知る限り（to the best and reasonable knowledge of the Seller)」という限定をつけることを主張することもある。これらの売主の責任限定条項が交渉で認められない場合には，売主としては賠償責任の上限を設定しておきたいところである。

(2) 表明と保証の違反への救済

売主の表明・保証違反に関して，クロージングの前に違反が発覚した場合には，買主はクロージングを行う義務から解放される。実務的には，売買代金を減額するとか他の条件で売主が譲歩するとかによってクロージングを行うことも考えられる。一方で，クロージングの後に違反が発覚した場合には原則として買主は損害賠償を請求することができる。これは単に買主が違反売主に損害賠償を請求する場合だけでなくて，その違反によって買主が第三者からクレームや請求を受けた場合にそれを違反売主が補塡するという意味において，売主による補償（indemnification）と呼ばれている。デュー・デリジェンスを行ったことおよびその結果はここで示した買主の救済に影響を及ぼさないとの文言を入れることによって，買主が重大な事項をデュー・デリジェンスで見落とした場合にも売主の表明・保証によって買主を救済することもよく行われている。これはデュー・デリジェンスの範囲や規模が狭い場合に特に有用であろう。また，違反売主の負担を軽減するために，補償額に下限や上限を設けることがある。下限（floor）というのは補償すべき金額が一定額以下の場合には違反売主は免責され，その一定額を超えたときにのみ補償義務を負うというものである。上限（cap）は文字通り，違反売主が負担する補償額の累計に上限を設けるものである。なお，売主の表明・保証

違反を買主が知っていた場合（悪意）または知るべきであるにもかかわらず知らなかった場合（重過失）に，売主が免責されるかどうかの問題がある。悪意の場合には買主が権利行使できないとする場合が多いが，重過失の場合は見解が分かれるようである[31]。これに関連して，上述のようにデュー・デリジェンスが買主の救済に影響を及ぼさないとする場合でも，買主の悪意または重過失の場合を除くとすることも考えられる。なお，買主の表明・保証違反に際しては，売主がクロージングを行わない権利または補償を求める権利を持つことになる。

(3) 誓約（Covenant）

契約の調印からクロージングまでの間に買収対象企業の内容が大きく変わることは買主にリスクをもたらすことになる。そこでその間は買主に通常の事業活動のみを行うよう誓約させその旨の作為不作為義務を負わせることになる。通常の事業活動とは，通常の取引を継続し，資本や資産や保険を維持し，契約や法令を遵守し，役員・従業員を維持することである。そのために，通常の事業活動を超える行為，例えば一定額以上の資産の処分・配当・投資・借入・保証，重要な契約の締結・変更・解除，労務関係の重要な変更などを行ってはならないかまたは買主の承認を必要とすることになる。

また，クロージングを実現するために両当事者がクロージングの前提条件を成就させるべく最善の努力を行う義務を記載することも多い。行うべきことは売主の方が多いと思われるため，売主の最善努力義務違反は単に買主がクロージングを行わない権利を生むだけでなく補償の請求権にもつながる可能性があることから，売主に履行のプレッシャーをかけることとなる。

以上は契約調印からクロージングまでの作為不作為に対する誓約であるが，誓約条項としてはこのほかにクロージング後に関するものも考えられる。その代表的なものは競業避止義務（non-competition）である。ある事業

---

[31] 見解の相違については，中野通明・浦部明子「M&Aにおけるデュー・デリジェンスと表明・保証義務」（中野通明・宍戸善一編『ビジネス法務体系II・M&Aジョイントベンチャー』）159頁（日本評論社，2006年）参照。

部門を合弁会社に切り出す場合と同様に，事業売却をした売主がその培ったノウハウでさらに同一事業を継続すれば買主にとっては打撃となるため，何らかの競業避止を入れることが多い。ただ，売主の将来の事業の可能性をつぶすことになるため独占禁止法上の問題となることもある。従って，競業避止義務の地域限定をすることもあるし，その期間を3年から5年，長くても10年くらいに限定することも多い。また，売主が移管した従業員の引き抜きを行うことも間接的ながら買主の事業継続の妨げとなるため，一定期間は移管従業員の雇用や勧誘を行わない旨の誓約 (non-solicitation) を行う。ただ，完全な意味での雇用の禁止は公序良俗違反となることもあるので注意が必要である。また，この他に移管対象事業に関する秘密情報の売主による使用の禁止や制限なども考えられる。

(4) クロージング

クロージングというのは，売買契約締結後に契約履行のためのすべての前提条件が満たされた時点で，売主から買主に株券が手渡され買主から売主に代金が支払われることによって契約の履行が完了することである。クロージングの前提条件 (conditions precedent) としては，当事者の社内承認（取締役決議等）の取得，政府許認可（独占禁止法のクリアランス等）の取得，表明・保証が正確であること，誓約で要求された作為不作為が実行されていることなどがあげられる。クロージングが行われない場合には契約は自動的に解除される。なお，企業買収に関しては独占禁止法上の問題点の検討が不可欠であるが，これについては第3節7の企業合弁に関する記述を参照されたい。

参考文献
井原宏『国際取引法』（有信堂，2008年）
北川俊光・柏木昇『国際取引法』（有斐閣，1999年）
木棚照一・中川淳司・山根裕子編『プライマリー国際取引法』（法律文化社，2006年）
澤田壽夫・柏木昇・森下哲朗編著『国際的な企業戦略とジョイント・ベンチャー』（商事法務，2005年）
中野通明・宍戸善一編『ビジネス法務体系Ⅱ・M&A ジョイント・ベンチャー』（日本

評論社,2006年)
西村総合法律事務所編『M&A大全』(商事法務,2002年)
松枝迪夫著・柏木昇監修『国際取引法』(三省堂,2006年)
渡辺章博『M&Aのグローバル実務新版』(中央経済社,2005年)

索　引

あ行

揚地条件　138, 141
アサインバック　38
アブセンスフィー　34
一手販売店　30, 158
イニシャル・ペイメント（initial payment）　35
インコタームズ（INCOTERMS）　99, 116, 138-141
ウィーン売買条約（CISG）　80
受取船荷証券（received B/L）　146
受戻証券性　147, 148
売付選択権（put option）　197
ウルグアイ・ラウンド　168
営業権（のれん，goodwill）　207
エクソン・フロリオ条項　166
エスカレーション条項　137, 163
オプション契約　92

か行

海外直接投資　165
外貨バランス要求　168
外国税額控除　36, 172
外資規制　166
外資奨励策　166
海上運送状（Sea Waybill）　148
買付選択権（call option）　197
改良技術　37
価格条件　24, 98, 140
隔地者間の契約　91

確定注文・確定申込（firm order）　23, 92
確認信用状（confirmed L/C）　156
瑕疵担保責任　100, 104, 109
過失相殺　122, 124
カバー（代替取引）　105-108, 114, 117-123
株式譲渡制限　53, 183, 190
株式買収　58, 207
株主間契約（Shareholders Agreement）　181
為替条項　137
完全開示条項（full disclosure）　216
完全合意（entire agreement）　16
危険負担　115
記名式船荷証券（straight B/L）　148
競業避止義務　54, 194, 218
鏡像の原則（mirror image rule）　89, 94
拒否権付種類株式　189
偶発債務　207
グラントバック　38
グリーンフィールド投資　205
繰越欠損金　207
クレイトン法　202
クロージング（closing）　64, 66, 194, 219
クロージングの前提条件（condition precedent）　64, 219
傾向不良（epidemic failure）　26
継続的売買　87
契約締結上の過失　97
厳格一致の原則　155

現況有姿（as is）　26, 102
原始的不能　100
現物出資　186
権利の瑕疵　103
行為基礎論　131
航海上の過失　144
恒久的施設（permanent establishment, PE）　171, 178
航空運送状（Air Waybill）　149
合同会社　178
合弁契約（Joint Venture Agreement）　181
ゴーイング・コンサーン（going concern）　205
国際海上物品運送法　143-145
国際商業会議所（ICC）　138, 153
国際商取引法委員会（UNCITRAL）　80
国際投資協定　167
故障付船荷証券（foul B/L）　147
故障摘要（remark）　147
コルレス銀行　151
コルレス契約　151
コンソーシアム　161, 174

さ行

最恵国待遇　169
債権者主義　115
最低購入量　31
債務者主義　115
先買権（first refusal right）　54, 191
詐欺防止法　90
指図式船荷証券　148
指図証券　147
サブライセンス　32, 33
ジェネラル・パートナーシップ　178
私会社（private limited company）　180
事業譲渡　207

資産買収　58, 207
事情変更の原則　133-137
実行困難性（impracticability）　128-131, 133, 135
自動更新条項　5, 11
自動車ディーラー法　160
支配権の変更（change of control）　56, 200
私法統一国際協会（UNIDROIT）　80
シャーマン法　202
重大な契約違反（重大な不履行，fundamental breach）　109-111, 126, 127
出資比率　49, 184, 186, 189, 192
受領遅滞　112
種類株式　186
ジョイント・ベンチャー　161, 174
障害（impediment）　132
商業上の過失　144
商号ライセンス契約　40
少数株主の保護（minority protection）　51, 188, 189
承諾　88-96
商標ライセンス契約　39
商品性（merchantability）　26, 102
書式の戦い（battle of forms）　93-97
処分証券性　147
信用状（L/C）　24, 113, 153-156
信用状統一規則　153
信用状独立抽象性の原則　155
信用状の書類取引性　155
信頼利益　98, 104
スポット売買　87
誓約・約定（covenant）　66, 218
損害軽減義務　122-124
損害賠償の予定　118-122
存続条項（survival）　18

索　引　223

た行

ターム・シート（term sheet）　211
ターン・キー　162
第三者特許保証　28, 38
代理店保護法　159
多国間投資協定（Multilateral Agreement on Investment, MAI）　169
多数国間投資保証機関（MIGA）　170
堪航能力　144
駐在員事務所（リエゾン・オフィス）　171
注文予測 (forecast)　23
追完権（治癒権）　106-110
積地条件　138, 141
敵対的買収　206
デッドロック（deadlock）　55, 194, 199
デュー・デリジェンス（due diligence）　58, 212-215
電信送金（T/T）　153
統一パートナーシップ法　178
投資紛争解決国際センター（ICSID）　170
同時履行の抗弁権　125, 127
到達主義　91
独占交渉権　211
特定物　100, 104, 115
特定目的適合性（fitness for particular purpose）　26, 102
特定履行　104
取消可能信用状（revocable L/C）　156
取消不能信用状（irrevocable L/C）　156

な行

内国民待遇　169
荷為替信用状　152
荷為替手形　152
二国間投資協定（Bilateral Investment Treaty, BIT）　167
二重課税防止条約　171
ニューヨーク条約　21
ネットワーク方式　150
ノックアウト・ルール（knock out rule）　96

は行

ハーグ・ウィスビー・ルール　143-145
ハーグ統一売買法条約　79
ハーグ・ルール　143
ハードシップ（hardship）　133-137
ハート・スコット・ロディノ法　202
パートナーシップ　177
買収防衛策　206
パススルー（pass through）　178
発信主義　91
パフォーマンス要求（performance requirement）　167-169
バルクカーゴ　87
ハンブルグ・ルール　143-145
引合（inquiry）　88
引渡条件　24, 138, 140
被告地主義　21
秘密保持　12, 71-75
表明と保証（representation & warranty）　59, 62, 216
不安の抗弁権　125
フォワーダー　142
付加期間　106-110
不可抗力（force majeure）　14, 128-132
不完全履行　100, 109
複合運送　143, 150
複合運送人　150

物品の契約適合性　100, 110
不特定物　104, 115
船積船荷証券（shipped B/L）　146
船荷証券（bill of lading, B/L）　145-148
船荷証券の不実記載　146
不予見理論　131
ブランドフィー　40
プラント輸出　87, 160-163
フレイト・フォワーダー　150
米国統一商法典（Uniform Commercial Code, UCC）　26, 85
米国法律協会（American Law Institute）　84
法人格否認の法理　173
簿外債務　207
補償状（letter of indeminity）　147
保証渡し　148
ボレロ（Bolero）　148

ま行

見積もり（quatation）　89
無確認信用状　156
無故障船荷証券（clean B/L）　147
明示の保証（express warranty）　101
申込　88-96
申込の誘因　89
黙示の保証（implied warranty）　26, 101, 102
目的の達成不能（frustration）　128-131

や行

有限責任事業組合　179
友好的買収　206
ユニドロワ国際商事契約原則　83
ユニフォーム方式　150
傭船契約　143

ヨーロッパ契約法原則（PECL）　84

ら・わ行

ラスト・ショット・ドクトリン（last shot doctrine）　95
欄干　140
ランニング・ロイヤルティー　35
リードタイム　23
履行期前の不履行　124-127
履行遅滞　100, 109
履行不能　100, 109
履行利益　104
リステイトメント　84
リミテッド・パートナーシップ　178
リミテッド・ライアビリティ・カンパニー（LLC）　179
類似商標　43
レター・オブ・インタレスト（Letter of Interest）　211
レター・オブ・インテント（Letter of Intent, LOI）　58, 68, 210
レックス・メルカトーリア　84
ロイヤルティー（royalty）　35
ローカル・コンテント　168
ロックイン　190
ロッテルダム・ルール　143
ワルソー条約　149

A

anticipatory breach　125

B

BIT → 二国間投資協定
B/L　25, 146, 147
BOT　162

索　引　225

C

C&F　138-141
CIF　24, 138-141
CISG →ウィーン売買条約
CLOUT　81

D

D/A　24, 152
DCF 方式（discount cash flow）　197, 209
definitive agreement　58
D/P　24, 152

E

EU の合併規則　203
event of default　56, 200
exit 条項　196

F

FOB　24, 138-141
FOB プラス supervising　162

G

GATT　168
GmbH　181

H

Heads of Agreement　69

I

ICSID →投資紛争解決国際センター
indemnify and hold harmless　9, 28

L

L/C →信用状
letter agreement　8

LLC →リミテッド・ライアビリティ・カンパニー
LOI →レター・オブ・インテント

M

M&A　58, 204
MAI →多国間投資協定
Master Agreement　69
MIGA →多数国間投資保証機関
MOU　7, 68

N

non-solicitation　67, 219

O

OEM　22
on board notation　87, 146

P

PE →恒久的施設
PECL →ヨーロッパ契約法原則
promissory estoppel　97

S

SARL　181
SRL　181
subject to　10

T

TRIM　168

U

UCC →米国統一商法典
UCP　153

W

whereas   7, 8

without prejudice   10
WTO   168

著者略歴

阿 部 道 明（あべ　みちあき）

1975 年　東京大学法学部卒業
1982 年　カリフォルニア大学バークレー校ロースクール修了（LLM）
1975-2001 年　（株）東芝，法務部門に勤務
2001 年-　九州大学大学院法学研究院助教授を経て，同教授（現在）
2012 年 4 月　中央大学法科大学院教授に就任予定

著書
『プライマリー国際取引法』（共著）（法律文化社，2006 年）
『弁護士活動を問い直す』（共著）（商事法務，2004 年）

こくさいとりひきほう
国際取引法
── 理論と実務の架け橋 ──

2012 年 3 月 20 日　初版発行

著　者　阿　部　道　明
発行者　五 十 川　直　行
発行所　㈶九州大学出版会
〒 812-0053 福岡市東区箱崎 7-1-146
九州大学構内
電話 092-641-0515（直通）
振替 01710-6-3677
印刷・製本／城島印刷㈱

Ⓒ Michiaki Abe, 2012　　　　　ISBN978-4-7985-0074-4